호모 쿨투랄리스,
문화적 인간과 인간적 문화

한양대학교 평화연구소(Hanyang Peace Institute)는 '소극적 평화'를 넘어서 '적극적 평화'에 대한 통합적이고 유기적인 연구를 통해 우리 사회에 보다 실질적이고 적실성 있는 대안을 제시하고자 설립되었다. 2010년부터 한국연구재단이 발주한 '한국사회과학연구지원(SSK. Social Science Korea)' 1·2·3단계 연구사업을 진행하고 있으며, 전문학술지『문화와 정치』를 발간하고 있다.

호모 쿨투랄리스, 문화적 인간과 인간적 문화

2018년 6월 25일 초판 발행

엮은이 최진우┃펴낸이 안종만┃펴낸곳 ㈜박영사
등록 1959.3.11. 제300-1959-1호(倫)
주소 서울특별시 종로구 새문안로3길 36, 1601
전화 (02) 733-6771┃팩스 (02) 736-4818
홈페이지 www.pybook.co.kr┃이메일 pys@pybook.co.kr

편집 이승현
기획/마케팅 송병민
표지디자인 김연서
제작 우인도·고철민

© 최진우, 2018, Printed in Korea

ISBN 979-11-303-0604-9 (93300)

이 도서의 국립중앙도서관 출판예정도서목록(CIP)은 서지정보유통지원시스템 홈페이지(http://seoji.nl.go.kr)와 국가자료공동목록시스템(http://www.nl.go.kr/kolisnet)에서 이용하실 수 있습니다. (CIP제어번호 : CIP2018019461)

정 가 15,000원

호모 쿨투랄리스,

문화적 인간과 인간적 문화

최진우 엮음

박영사

HOMO CULTURALIS

이 논문 또는 저서는 2016년 대한민국 교육부와 한국연구재단의
지원을 받아 수행된 연구임(NRF-2016S1A3A2923970).

이 책은 한양대 평화연구소가 그동안 발행한 웹진 칼럼 「호모 쿨투랄리스」(Homo Culturalis)에 실린 글들을 단행본 형태로 엮은 것입니다. '문화적 인간'을 의미하는 「호모 쿨투랄리스」의 기획과 편집은 문화와 정치 연구의 새 지평을 열고자 하는 한양대 평화연구소의 다양한 학술 활동 중 하나입니다. 「호모 쿨투랄리스」는 매주 연구진들이 머리를 맞대고 우리 시대의 중요한 문화정치 관련 문제들을 선별해 이에 관한 전문적 식견을 가진 우수한 필진에게 글을 받아 매달 두 차례 발행되고 있습니다.

「호모 쿨투랄리스」의 기획은 타자에 대한 환대와 공생의 문제의식에 기반합니다. 보편적 세계화가 진행되면서 다른 한편으로는 문화적 요인으로 인한 정치적 갈등이 증가하고 있습니다. 오늘날 한국뿐만 아니라 세계 각국은 난민, 이주노동자 등 다양한 얼굴의 이방인을 대면함에 있어 여전히 국가중심주의, 배타적 민족주의의 관성으로부터 자유롭지 못합니다. 국가 내부적으로도 인종차별, 젠더 갈등, 성적 소수자 문제를 비롯해 여러 종류의 문화정치적 도전에 직면해 있습니다. 이렇게 전 세계가 맞닥뜨리고 있는 문화적 갈등의 해결을 위해서는 새로운 접근방법과 대응 방식의 모색이 필요합니다.

한양대 평화연구소가 추구하는 환대·공생의 문화 거버넌스 모델은 기존 다문화주의에 내재된 문화적 범주화를 탈피해 자아 중심적 관점을 넘어 타자를 있는 그대로 바라보고 열린 환대를 추구하는 방향으로의 인식의 전환을 지향합니다. 궁극적으로 환대 패러다임으로의 전환은 문화 다양성이 증대하고 낯선 타자들과의 일상적 대면이 불가피한 현실 속에서 보다 자연스러운 공생을 위한 실천적 태도를 모색하기 위한 노력입니다. 이러한 관점을 담은 「호모 쿨투랄리스」 칼럼들은 다양한 분야 전문가들의 깊이 있는 시각으로 타자들 간의 갈등과 공존의 현상을 진단함으로써 좋은 세계화를 위한 아이디어의 소통에 기여하고자 합니다.

그간의 첫 결실로 출간되는 『호모 쿨투랄리스, 문화적 인간과 인간적 문화』는 총 여섯 파트로 구성됩니다. 첫 파트는 문화와 정치 전반을 다루는 8편으로 이루어집니다. 여기에는 환대와 공생의 기본 개념, 촛불정신, 세월호사건, 한한령, 프랑스, 브렉시트 등의 다양한 국내외 문화정치적 이슈에 대한 글들이 실려 있습니다. 두 번째 파트는 오늘날 세계화 시대에 중요한 이슈인 난민 문제를 다루는 8편의 글이 제시됩니다. 유럽, 중동, 아프리카, 아시아 등 지역별 난민 이슈에 대한 분석에서부터 국내 현실과 정책에 대한 진단까지 난민 문제에 대한 포괄적 시각을 접할 수 있습니다. 세 번째 파트는 남북관계의 변화 속에서 그 중요성을 더해가고 있는 탈북민 현상 진단에 대한 글 4편을 담고 있습니다. 여기에서는 탈북민에 대한 인식과 태도 문제부터 북한 인권 문제, 국외 탈북민의 상황에 이르기까지 전문가들의 깊이 있는 시각과 견해를 만날 수 있을 것입니다. 네 번째 파트는 최근 중대한 사회적 이슈로 떠오르고 있는 젠더문제에 대한 학술적 시각이 담긴 6편의 글을 싣고 있습니다. 여성혐오에서부터 성적 대상화, 여성 1인 가구, 노키즈존, 미투 현상에 이르기까지 우리 사회에 만연하고 구조화된 젠더 문제에 대한 각 연구자들의 통찰을 접할 수 있을 것입니다. 다섯 번째 파트는 국내사회정책의 중요한 이슈인 도시재생에 대한 칼럼 4편을 담았습니다. 각 글은 전문적 차원에서 보다 나은 시민적 공생을 위한 도시 공간 창출 노력의 한계와 가능성에 대해 짚어보고 있습니다. 마지막으로 여섯 번째 파트에는 전 세계적 이슈중 하나인 기후변화의 여러 문화·정치적 차원을 다루는 5편의 글이 실려 있습니다. 여기에서는 기후변화 해결을 둘러싼 도시 네트워크, 파리협정체제, 인권문제, 동북아 상황 등에 대한 전문 연구자들의 신선한 분석들을 접하게 됩니다.

이 시대의 주요 문화정치 현상의 분석을 시도하는 함의를 다루는 『호모 쿨투랄리스, 문화적 인간과 인간적 문화』의 다양한 글을 통해 독자 여러분들께서 타자에 대한 환대와 공생을 향한 평화연구소의 지적 여정에 동참하시길 기원합니다.

2018년 6월
한양대 평화연구소 연구진 일동

|차례|

서문   5

Ⅰ. 문화와 정치
"문화의 힘, 정치의 재발견"

Ⅱ. 난민
"국경에 걸린 희망, 난민"

III. 탈북민
"탈북민, 편견과 관심의 사이에서"

IV. 젠더
"만연한 혐오, 구조화된 차별"

V. 도시재생
"도시 만들기와 공생의 상상력"

VI. 기후변화
"기후변화의 정치적 얼굴"

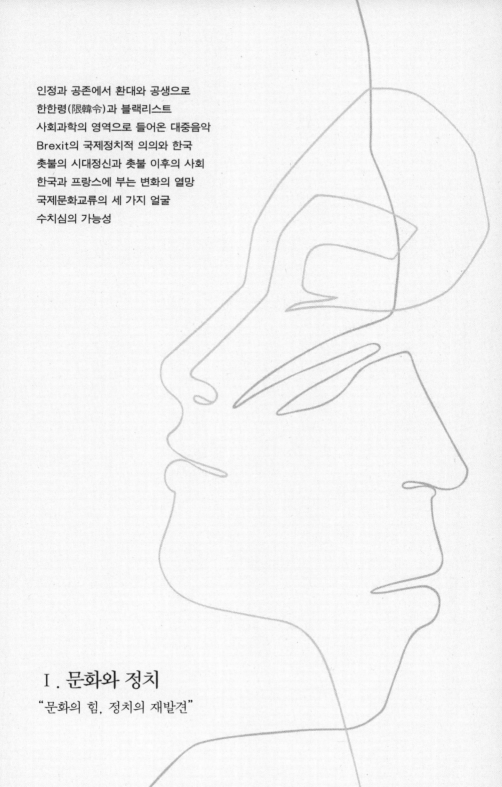

Ⅰ. 문화와 정치

"문화의 힘, 정치의 재발견"

인정과 공존에서 환대와 공생으로

최진우 | 한양대학교 정치외교학과

세계화가 진행되면서 이방인과의 조우가 급증하고 있다. 이방인은 여러 가지 얼굴로 '우리' 앞에 나타난다. 관광객으로, 유학생으로, 사업을 하러, 일자리를 찾아, 결혼을 위해, 망명객으로, 또는 난민으로 우리를 방문한다. 그 방문은 일시적인 경우도 있으나, 영구적일 수도 있고, 정해져 있지 않을 수도 있다. 타자는 호기심과 매력의 대상이 될 수도 있고, 두려움과 경원의 대상이 될 수도 있으며, 무시와 천대의 대상이 되기도 한다.

초대받지 않은 손님, 불쑥 나타난 이방인, 갑작스레 '나'(또는 '우리')의 공간으로 들어온 타자他者를 우리는 어떻게 대하고 있는가? 그리고 어떻게 대해야 하는가?

이 글에서는 타자를 대하는 우리의 태도는 환대여야 함을 주장한다. 환대란 두 팔 벌려 타인을 내 집의 식구로 받아들이는 것을 의미하고, 타자를 자아의 일부로 수용하는 것을 뜻한다. 환대는 이성적 존재로서의 세계시민의 권리이자 의무이며, 또한 윤리일 수도 있다.

우리는 끊임없이 타자를 타자화他者化한다. 타자화란 다름을 다름 으로써만 대하는 것이 아니라 그릇됨이나 어리석음으로 규정하면서 배척과 교정의 대상으로 간주하는 일체의 사유 활동 및 행동을 일컫 는다. 타자화는 필연적으로 차별과 억압을 수반하고 그 반작용으로 저항을 유발하며, 격렬한 폭력적 충돌을 야기하기도 한다. 반란이 일 어나고 내전이 벌어지며 국가 간 전쟁으로 이어지기도 한다. 대규모 학살이 자행되고 대량 난민이 발생하기도 한다. 이는 다시 누군가의 '타자'를 만들어내게 되고 갈등은 반복된다.

타자화는 어떻게 극복될 수 있는가? 지금까지 타자화의 문제에 대 한 대응 방식은 어떠했는가? 기존의 대응 방식은 얼마나 효과적이었 으며, 어떤 한계를 갖는가?

지금까지 우리가 타자를 대해온 방식은 크게 다섯 가지다. 배제, 차별, 동화, 관용, 인정이 그것이다. 배제(exclusion)는 혈연적 또는 종교적 순혈주의 등에 입각해 '타자'를 '우리'의 공간에 발을 붙이지 못하게 하는 행위다. 국경의 물리적 폐쇄, 강제 이주, 인종 청소, 홀 로코스트가 그 예다.

차별(discrimination)은 다양한 형태로 이루어진다. 법적, 제도적 권 한에 대한 접근을 명시적으로 제한하는 경우도 있으며, 사회적 차별 을 방치하거나 조장하는 경우도 있을 수 있다. 노예제도, 신분제도, 아파르트헤이트Apartheid, 성차별, 인종차별 등이 여기에 포함된다.

동화(assimilation)는 소수자 집단이 주류집단의 관습과 제도, 문화와 정체성 모두를 수용할 때 배제와 차별의 대상에서 벗어날 수 있도록 하는 조치다. 사람들이 기존의 삶의 양식과 사고방식을 바꾸는 것은 매우 어렵다는 점에서 동화는 소수자들의 인격과 인간성을 부정하거나 억압하는 기제다. 영주권 획득의 조건으로 높은 수준의 언어 구사 능력과 주류 사회의 가치관 수용을 요구하는 이민정책이 여기에 해당한다.

관용(tolerance 또는 toleration)은 동화정책에 비해 타자에 대해 관대하다. '우리'의 공간 안에서 타자가 자신의 고유 정체성을 유지하면서 존재할 수 있도록 허용한다는 점에서 그러하다. '똘레랑스'로 알려진 프랑스의 소수자 집단 정책이 예가 될 수 있을 것이다. 그러나 관용은 힘의 비대칭성의 기반 위에서 이루어지며 시혜자의 자의적 처분에 의존하게 된다는 점에서 매우 불안정하며 타자의 인격과 인간성에 대한 위협이 잠재된 상태다.

한편 인정(recognition)은 나의 공간 속에 나와는 정체성을 달리 하는 타자가 자신의 고유한 정체성을 가지고 존재할 권리를 갖고 있음을 받아들이는 태도다. 관용은 타자의 정체성을 내심 못 견뎌 하면서도 내색을 하지 않고 인내하는 것이지만, 인정은 타자의 정체성을 정당한 것으로 판단해 타자의 존재에 대한 "긍정적 평가와 반응"을 나타내기도 한다. 이는 이질적 정체성을 가진 집단의 공존 상태로 이어질 수 있는데, 다문화주의가 여기에 해당된다. 그런데 인정은 타자의 정체성과 나의 정체성이 하나의 공간에 공존해도 괜찮다는 태도이긴 하지만 엄연히 타자의 정체성과 나의 정체성은 별개의 것이고, 서로 섞이는 것을 원하지 않는 태도다. 이와 같이 나와 분리된 존재로서의 타자와 나의 관계에서는 언제라도 인정의 철회가 가능하다. 따라서 인정을 통한 공존은 평화를 가져다주지 않는다. 인정은 타자와의 불안한 동거를 가능하게 할 따름이다. 오늘날 우리가 목격하고 있는 유럽 다문화사회에서 빚어지고 있는 갈등이 바로 그러한 현상이다.

인정에 기반을 둔 다문화주의의 한계를 극복하기 위해서는 타자를 대하는 우리의 태도가 인정에서 환대로 바뀌어야 한다. 환대는 타자를 자아의 범주로 받아들임으로써 자아의 영역을 확장시키는 태도를 일컫는다. 타자가 가진 타자성을 내가 수용해 자아의 일부로 삼는다는 것이다. 이 과정에서 기존의 자아는 변용을 겪게 된다. 기존의 자아를 구성하던 요소와 새롭게 받아들여지는 요소가 함께 섞여 새로운 자아를 형성하게 되는 것이다. 이를 통해 우리와 타자는 '공생의 관계'에 진입한다. 공생의 관계에서는 자아와 타자의 경계가 희석되며, 자아의 확장을 통해 더욱 고양된 자아가 형성된다.

하지만 나를 찾아온 이방인에게 아무것도 '묻지도 따지지도 않고' 자리를 내 주는 '무조건적 환대'는 실천적으로 불가능하고, 정책적으로 바람직하지 않을 수 있다. 위험성을 수반할 수 있기 때문이다. 따라서 현실적으로 환대는 '조건적'일 수밖에 없다. 그러나 우리는 끊임없이 그 '조건'의 벽을 낮추려는 노력을 기울여야 한다. 조건의 벽을 쌓아 올리자는 유혹의 목소리는 끊임없이 들려올 것이다. 극우주의자, 포퓰리스트, 인종주의자, 국수주의자들이 그 주인공이다. 그 유혹에 흔들리는 순간 우리는 타자를 대하는 방식에 있어 퇴행의 수순을 밟게 될 것이고 다시 타자화의 함정에 빠지게 될 것이다. 무조건적 환대를 지향으로 삼아 자기중심적인 '조건'을 조금씩 허물어갈 때 우리는 타자화의 굴레를 벗어날 것이고, 평화에 가까이 다가갈 수 있을 것이다.

한한령(限韓令)과 블랙리스트

원용진 | 서강대학교 커뮤니케이션학부

중국과 한국 간 축구 대화에서 공한증恐韓症은 빠질 수 없는 메뉴다. 실제 그런 게 존재하는지 알 길은 없으나 시합이 있을 때마다 등장하고, 세간의 관심을 끈다. 공한증과 달리 한국 쪽에서 벌벌 떠는, 거꾸로 현상을 칭하는 용어 하나가 등장했다. 중국이 한국과의 교역에서 제한을 가한 한한령限韓令이라는 조처다. 한한령은 대중문화에만 특정하진 않았지만 중국 내 한류에 찬물을 끼얹은 조처로 인식되고 있다. 한류 스타의 콘서트 중단, 한중 공동 영상 제작의 지연, 한류 스타의 광고 출연 저지가 이뤄지면서 한한령의 효력을 실감한다. 샤드THAAD 배치 논란 때부터 예측된 터라 크게 놀라지 않으나 한한령으로 한국의 대중문화계는 짙고 긴 한숨을 내쉬고 있다. 공한증은 경기장 사건으로 한정되었으나 한한령은 대중문화계 사건을 넘어 먹고사는 살림살이 사건으로 비화되고 있다.

동아시아에서 벌어진 타국 대중문화 규제는 늘 정치적 사건과 함께 이뤄졌다. 일본 정치인들의 막말에 한국 정부는 일본 대중문화의 개방 템포 조절로 맞섰다. 이명박 대통령의 독도 전격 방문 때 일본 정부의 한류 규제 엄포가 있었고 혐한론이 극대화되었다. 미국의 패권 전략, 그에 대한 한국의 동조 정책이 한한령을 불러왔다. 대중문화에 재갈 물리기야말로 정치적 사건 홍보에 최적임을 잘 아는 탓에 한중일 세 나라는 주거니 받거니 규제를 반복하고 있다. 동아시아에서 벌어지는 꼴을 보자면 '문화는 정치에 종속되어 있다'는 주장도 가능하겠다. 그 주장은 그동안 문화가 정치적 심급에 종속된 것으로 보지 말 것을 주장해 온 문화 이론과 대치한다. 대중문화가 정치 영역을 바꿀 수도 있다는 거침없는 언설도 펴 온 문화 이론을 뒤흔든다. 한류가 아시아에 퍼져 나가는 모습을 정치적 장벽을 뛰어 넘는 예라며 문화 찬가를 부른 문화 이론을 비웃기도 한다. 하지만 어쩌랴. 한한령은 이론이 아니라 현실이고 보면 한한령은 정치가 문화보다 더 깊숙이 박혀 있는 심급인 것을 증명하고도 남는다.

한한령을 풀어 볼 요량으로 야당 의원들이 중국을 방문했다. 정부 여당은 사대외교라고 비난의 포문을 열었다. 방문한 정치인들은 서민경제를 감안한 정치적 결단이라고 받아쳤다. 이처럼 여의도 담론 또한 정치가 대중문화를 깔고 앉은 모습으로 못 박아 버린다. 정치적 긴장을 풀면 대중문화도 풀려나갈 거라 자신하고 있다. 그런 식으로 정치와 문화를 분리하고 정치를 우위에 두는 습속을 강화한다. 이래저래 문화 이론만 이론 공간에서 설레발쳐왔다는 비난을 감수하게 됐다. 한한령이 먹고 사는 문제임에 틀림없으나 문화 이론이 허언을 펼쳐지는 않았는지를 점검해 볼 학문적 사건으로 받아들일 기회이기도 하다. 문화 심급과 정치경제 심급 간 무게를 가늠해 볼 계기가 되고 있다.

대중문화는 샤드, 독도 방문, 역사 망언 등과 같은 정치적 사건이 있기 전부터 이미 정치적이었다. 지금껏 동아시아 내 대중문화 교류가 평온한 가운데 이뤄진 적은 없었다. 삼국의 대중문화 교류는 늘 정치적 긴장을 동반해왔다. 한류가 인기를 거듭할수록 일본 우익의 험한 수위는 올라갔다. 방송국을 에워싸서 한국 드라마를 줄이라고 목청을 높였다. 〈별에서 온 그대〉를 놓고 중국의 전국인민정치협상회의에선 왜 중국은 그런 작품을 못 만드냐며 정치적 의제로 변형시켰다. 일본 〈엑스재팬〉에 한국 청소년이 열광했을 땐 문화식민을 우려하는 목소리가 높았다. 이처럼 대중문화 교류는 늘 정치적으로 의제화되었다. 문화 이론을 옹호하며 말하자면 문화심급은 '이미 언제나(already always)' 정치심급이다. 한한령은 문화적 심급의 새로운 양태일 뿐이다.

한한령이 내려지자 대중문화는 자신이 정치의 희생양이라며 울상을 지었다. 정치적 미흡으로 문화가 고통받는다며 억울한 표정을 만들었다. 문화사업이 당장 곤궁에 처해진 일을 이해 못할 바가 아니다. 당장 지갑의 두께에 영향을 받는 실정을 외면하고 싶지는 않다. 하지만 그 울상, 억울한 표정에 겹쳐지는 전혀 다른 얼굴을 지워선 안 될 일이다. 한류를 앞세워 애국자연然하며 득의만만해하던 주인공들의 얼굴이 떠오른다. 국가를 등에 업고 호가호위하며 자신의 사업을 애국으로 포장하며 어깨에 힘을 주던 장면을 쉽게 지울 수도 없

다. 창조경제의 일꾼이라며, 새로운 국가사업의 선봉이라던 주장들
도 귀에 선하다. 그들을 앞세워 국가가 다시 자신의 치적으로 되돌리
며 활용해가던 일을 상기해 보면 '이미 언제나' 대중문화는 정치적임
을 손쉽게 알 수 있다.

국정농단 사건이 문화체육관광부로 중심으로 벌어졌던 사실은 문
화와 정치의 동반자 관계를 증명하고 있다. 한류의 전초기지로 자부
하던 국가기구 콘텐츠진흥원에 바지 사장을 앉히고 야금야금 공적
자금을 빼먹으면서도 문화 융성과 국위 선양을 한다고 떠들어 댔다.
블랙리스트를 만들면서도 '착한' 문화는 국가가 적극 지원한다고 소
리를 높였다. '국제시장', '인천상륙작전'을 만드는 일에도 청와대가
앞장섰다. 대중문화는 '이미 언제나' 정치적 사건이었다. 대중문화적
실천은 문화적 모습을 하고 있었지만 특정한 시기엔 정치적 민낯을
드러내는 심급이다. 정치적 사건과 문화적 사건은 어느 것을 앞뒤라
할 수 없는 메두사의 대가리처럼 한 몸에서 나온 양태였던 거다.

추운 날씨에도 불구하고 문화예술인이 버스를 대절해 단체로 세
종시를 방문했다. 블랙리스트에 항의하기 위해서다. 박근혜, 김기
춘, 조윤선의 인형을 끌며 단죄하는 퍼포먼스를 폈다. 두 달이 넘게
광화문에 캠핑촌을 벌였던 것의 연장이었다. 문화예술을 프로파갠
더화하던 정치 의례화를 영도零度, degree zero화하는 역逆의례였다. 문
화가 얼마나 정치적인지를 보여주는 문화정치적 의례였다. 문화를
정치에 종속시키고, 수단화하려는 권력을 온 몸으로 다 맞이하고 있
는 자들의 절규이기도 했다. 문화 심급이 정치적 심급의 졸개가 아님
을 문화 이론가들의 나태함을 대신해 문화예술 실천가들이 직접 보

여주고 있다. 한한령은 중국이 내린 조처이지만 한국의 정치판, 문화판, 그리고 문화 이론판이 걸어가야 할 길의 모습을 훤히 비춰주는 사건이다.

사회과학의 영역으로 들어온 대중음악

서정민 | 연세대학교 정치외교학과

근대 이전과 대부분의 근대 시대에 걸쳐 대중음악은 하위문학으로서 '딴따라'의 영역이자 무질서의 상징이었다. 귀족들의 음악이 철저하게 단련된 세련된 감각을 만족시키기 위한 장인들에 의해 생산되었다면 민요나 대중가요는 정해진 규율 없이 즉흥적 감각에 의해 만들어지고 유통되었다. 대중들에 의해 소비된 민간 예술 중 노동가요와 같은 경우는 일상과 결합된 동시에 생산에 기여하기에 나름대로의 지위를 누릴 수 있었다. 그러나 규율로 가득 찬 교실과 공장에 적응할 수 없는 예술감을 가진 '딴따라'들이 생산하는 대중음악은 권력의 영역에서도 노동의 영역에서도 그 필요성이 없었다. 대중음악은 무질서의 영역에 속해 있었고 지식의 분석대상이 아니었다.

최근 작고한 사회학자 지그문트 바우만Zygmunt Bauman은 근대성의 가장 중요한 특징 중 하나는 실현 불가능한 목표인 완전무결한 질서를 추구하기 위해 무질서의 영역을 상상해 내는 것이라고 주장하였다. 근대성이 점차 완성되어 가는 20세기 동안 자본주의 생산의 과정은 점차 더욱 합리화되었고 끊임없이 질서를 만들고 유지하였다. 예측 불가능한 장인匠人들의 기술은 세련된 생산공정의 구축으로 인해 예측 가능한 단순 임금노동으로 대체되었다. 지식은 학술적으로 체계화되어 몽상가나 발명가가 아닌 예측 가능한 전문가에 의해 재생산되고 심화되었다. 이와 동시에 무질서의 영역 또한 두드러지게 되었다. 무표정하고 질서 잡힌 노동현장에서 뭉쳐진 근육을 이완하기 위해서 소비되는 대중음악은 무질서의 영역이 질서의 영역에 제공하는 에너지원이었다.

21세기의 대중음악을 생각해 보자. 유명 기획사에서 연습생을 조련하고 작곡가와 안무가를 조합하는 생산과정은 전자회사나 자동차 회사에서 새로운 제품을 생산하는 과정과 크게 다르지 않다. 무질서의 영역에 있던 대중음악은 몇 몇의 혁신가들에 의해 질서의 세계로 빠르게 편입되었다. 공연에서 보여지는 소위 '칼군무'는 대중가수들이 명문대학을 진학하는 과정보다 더욱 혹독한 노력과 규율을 따라야 함을 보여준다. 대중음악의 인재양성 과정은 이제 법조계, 의학계, 학술계 등 여타 분야의 엘리트 양성과정과 다르지 않다. 현대 대중음악이 만들어내는 파격과 무질서는 질서의 노동현장에서 철저하게 기획되고 계산된 것들이기에 근대성이 상상하는 무질서의 영역에 속한 것이 아니다.

문화는 고정된 습성, 행동양식이라기보다는 상충된 정치경제적 이해가 충돌하는 장이다. 귀족의 음악에 대비되는 대중음악은 정치

경제적으로 소외된 집단의 감성이 언어화되고 상징화되는 영역으로서의 역할이 있었다. 조선시대 양반계급의 위선을 고발하는 평민들의 대중문화인 탈춤이 그러한 역할을 하였다. 1960년대 영국의 록밴드들은 쇠락하는 영국 노동계급의 분노나 좌절을 배출하는 기회를 제공하였다. 그러면, 질서의 영역에 의해 장악된 21세기 한국의 대중음악은 어떠한 이익과 이해를 대변하는 것일까? 대중음악을 통해 만들어진 취향(taste)은 어떤 의도를 가진 것일까? 대중음악이 과거 담당하였던 저항의 담론이 지속 가능할 것인가? 이제는 사회과학자들이 분석해야 할 차례이다.

Brexit의 국제정치적 의의와 한국

최진우 | 한양대학교 정치외교학과

브렉시트의 가장 큰 국제정치적 파급효과는 불확실성의 증폭이다. 브렉시트는 트럼프 미국 대통령의 선출과 맞물리면서 국제정치의 새로운 흐름을 만들어내고 있다. 무엇보다도 지난 수십 년간 국제사회의 예측가능성과 안정성의 근간이 돼 온 자유주의적 국제질서를 위협하고 있다. 자유무역의 퇴조가 점쳐지고 있고, 다자주의적 글로벌 거버넌스가 도전받고 있다.

브렉시트는 민족주의의 귀환(new nationalism)을 알리는 신호탄이다. 트럼프의 미국우선주의, 러시아의 공격적 외교정책, 중국의 중화주의적 행태, 일본의 가속적인 정상국가화 등에서 나타나고 있듯이 각국 대외정책의 민족주의적 성향이 강화되고 있으며 그 결과 국제정치가 다시 현실주의로 회귀될 가능성이 농후해지고 있다. 이에 따라 군비경쟁이 격화되고 보호주의가 다시 글로벌 경제의 발목을 잡을 수도 있다.

브렉시트는 유럽 차원은 물론이요 글로벌 차원에서 국제정치적 지각변동을 불러오고 있다. 그 변화의 방향, 속도, 규모 등이 불투명할 따름이다. 브렉시트의 충격으로 EU의 해체 가능성이 제기되는가 하면 오히려 결속이 강화될 것이라는 전망이 서로 엇갈리고 있다. 극우세력의 확산이 점쳐지는가 하면 이에 대한 반작용으로 오히려 극우파의 신장세가 내리막길에 접어들리라는 예상도 있다. 어느 방향이든 유럽의 정치지형은 큰 변화를 겪을 것으로 예상된다.

브렉시트는 미-유럽관계의 근본적 변화를 초래할 것이며, 이는 곧 글로벌 차원에서 중대한 파급효과를 수반할 것으로 보인다. EU 멤버십과 미국과의 '특수관계'(special relationship)를 외교적 자산으로 갖고 있던 영국은 전통적으로 미국과 유럽 사이의 불화를 무마하고 의견을 조율하는 중재자 역할을 해왔다. 그러나 이제 영국이 EU를 떠나면서 그 역할을 계속 수행하기 어렵게 된다는 점에서 2차 대전 이후 공고하게 유지됐던 대서양 관계가 새로운 국면으로 접어들게 될 것임을 예상케 한다. 트럼프 행정부의 출범과 맞물려 대러정책, 중동정책, 기후변화, 이민문제 등 다양한 분야에서 미국과 유럽 간의 갈등관계가 증폭될 조짐을 보이고 있는 가운데 브렉시트는 미국과 유럽 사이의 가교가 부재한 상황을 야기하고 있는 것이다.

트럼프 대통령 취임 이후 미-유럽 관계는 최악으로 치닫고 있는 상황이다. 트럼프 대통령은 NATO를 '낡아빠진'(obsolete) 존재로 비하하고 있으며, EU는 '독일의 이익을 위한 도구'(vehicle for Germany)에 불과할 따름이라는 견해를 공공연히 밝히는가 하면, 영국의 EU 탈퇴 결정을 열렬히 지지함으로써 유럽 국가들의 강한 반발을 불러일으키고 있다. 이에 따라 도날드 투스크 유럽이사회 상임의장은 미국을 러시아, 중국, IS와 함께 유럽에 대한 중대한 위협요인으로 지목한 바 있으며, 영국 시사주간지 이코노미스트Economist 또한 트럼프 대통령을 '반란자'(insurgent)로 지칭하고 있다. 유럽과 미국의 경색된 관계는 지난 3월 17일 메르켈 수상과 트럼프 대통령과의 워싱턴 정상회담의 냉랭한 분위기에서도 드러난 바 있다. EU와 미국 간의 관계가 앞으로 순탄하지 않을 것임을 적나라하게 보여준 에피소드가 아닐 수 없다.

한편 브렉시트는 글로벌 무대에서 EU의 역량과 위상의 하락을 초래할 가능성이 있다. 브렉시트는 곧 영국의 탁월한 외교력과 유럽 최강의 군사력이 EU로부터 빠져 나가는 것을 의미하고 따라서 그만큼 EU의 외교안보 자산에 공백이 생기게 되는 것이다. 아울러 브렉시트는 유럽의 소프트파워를 잠식하는 효과도 가져올 것으로 보인다. 포스트모던 시대 새로운 국제정치 모델을 보여주던 EU가 지역통합체로서의 한계를 드러낸 사건이라는 점, 그리고 유럽 전역에서 극우세력의 확산을 촉발함으로써 유럽이 더 이상 관용과 진보의 땅이 아닐 수 있다는 인식을 심어주고 있다는 점에서 그러하다. 이에 따라 보편적 규범을 포함한 각종 글로벌 스탠다드 설정에 있어 이른바 '규범세력'(normative power)으로서의 영향력을 발휘해 온 유럽의 위상이 전과 같지 않을 개연성이 높다. 더욱이 트럼프 행정부와의 마찰로 인해 양자 간 협력관계가 더 이상 원활하게 작동하지 않게 된다면 유럽의 가치중심적 외교정책은 자칫 공허한 구호가 되고 말 가능성도 있다.

하지만 중장기적으로는 EU는 하드파워까지 갖춘 행위자로 거듭남으로써 국제적 위상이 강화될 가능성도 점쳐볼 수 있다. 영국의

EU 탈퇴와 트럼프 행정부에 의한 미국의 유럽으로부터의 퇴각이 현실화된다면 EU의 자체적 외교안보역량 강화의 필요성에 대한 공감대가 확산돼 오히려 EU 하드파워의 빠른 증가를 추동할 수도 있는 것이다. 브렉시트가 EU 외교안보정책의 초국가화 및 역량 강화로 이어지고 있는 조짐은 이미 나타나고 있다. 지난 3월 6일 개최된 EU 외무장관 및 국방장관 연석이사회에서는 군사훈련을 위한 통합사령부(가칭 Military Planning and Conduct Capability office) 설치에 대한 합의가 이뤄진 것이다. 이번 합의는 원래 군사안보 분야의 통합의 심화에 대해 적극적인 반대 입장을 일관적으로 보여 온 영국이 브렉시트를 선택한 후 EU 내 의사결정과정에서의 다이나믹스가 달라졌음을 보여주는 예다. 영국의 반대가 없는 상태에서 독일과 프랑스의 의사가 관철된 것이다. EU는 통합사령부 설치가 NATO와 경쟁하는 유럽방위군(European Army)의 창설을 의미하는 것은 아니라는 점을 강조하고 있지만, 이는 폴란드와 발트해 국가들처럼 NATO의 억지력에 크게 의존하고 있는 나라들의 우려를 불식하기 위한 제스처이며, 장기적으로는 EU의 독자적 안보역량의 강화로 이어질 개연성은 얼마든지 있다. EU의 이번 합의는 미국, 중국, 러시아 등 강대국들이 국방예산을 대폭 증액함으로써 군비경쟁의 상승곡선이 그려지고 있는 가운데 나온 것이라는 점에서 EU 또한 부분적으로나마 현실주의적 외교정책으로의 전환을 꾀하고 있다는 관측도 가능하다.

우리에게 있어 브렉시트 이후 국제정세 변화 가운데 가장 중요한 것은 글로벌 문제 해결의 우선순위, 목표, 방식에 있어 미국과 유럽의 디커플링 현상이 대두될 가능성이 있다는 점이다. 기후변화, 이민, 테러, 교역, 인권 등과 같은 주요 글로벌 쟁점에 있어 그간 큰 틀에서 광범위한 공감대를 형성하고 있던 미국과 유럽은 트럼프 행정부가 출범하면서 양자 간 의견불일치 확대 가능성이 커지고 있으며, 브렉시트는 양자 간 의견 조율을 더욱 어렵게 하는 요소가 될 것으로 예상된다. 아울러 글로벌 쟁점의 해결 방식에 있어 지금까지의 다자주의적 접근 방법이 약화될 우려가 있다. 그동안 많은 문제들이 G-7, G-20, UN, WTO, UNFCCC 등의 틀 안에서 논의되고 해결책이 모색됐으나 향후 당분간은 미국의 외교정책이 미국우선주의와 일방주의적 경향을 보이면서 미국과 유럽의 협력을 전제로 한 다자주의적 질서가 위축될 것으로 예상된다. 만일 그러한 상황이 전개된다면 중견국가로서 다자주의적 질서의 수혜자인 우리로서는 글로벌 의사결정에 있어 영향력을 행사할 수 있는 여지가 줄어들 수 있다. 만일 다자주의가 약화된다면 당연히 그 대안으로 양자관계의 강화를 위한 노력이 필요하다. 무엇보다도 미국 신행정부와 의회의 외교안보라인 및 대외경제정책라인에 대한 접근 채널 확보가 시급하며, 유럽과도 기존의 한—EU 전략적 동반자 관계 유지 및 강화를 위한 노력이 요청된다. 우리에게 있어 미국은 안보이익 수호를 위한 불가결한 동맹이며, 유럽 또한 글로벌 차원의 연성 이슈에 있어 뜻을 같이 할 수 있는 소중한 가치동맹이기 때문이다.

아울러 유럽은 북한 문제를 다룸에 있어 잠재적 효용성이 크다. 사실 유럽은 북한 문제에 있어 미국 못지않게 강경한 입장을 견지하고 있다. 핵, 미사일, 인권 문제에 대해 사건이 있을 때마다 신속하게 규탄 성명을 발표하고 있으며 UN에서 대북 결의안 채택에 있어서도 주도적인 역할을 한 바 있다. UN 제재에도 적극 동참하고 있으며 강도 높은 독자제재를 수행하고 있기도 하다. 그러면서도 유럽은 북한과 외교관계를 유지하고 있고 여러 NGO가 북한 내에서의 활동을 지속하고 있다. 북한문제에 있어 미국과 유럽 모두 단호한 입장이지만 각론에서 약간의 차이가 드러나고 있는 것이다. 바로 이러한 이유로 우리는 미국과 유럽 양쪽 모두를 활용할 필요가 있다. 때로는 미국과 함께 북한에 대해 강한 압박을 가하면서도 유럽을 활용해 대화와 접촉의 통로를 열어두는 유연한 전략을 구사할 수 있는 카드를 확보하는 것이 좋을 것이다.

요약하자면, 브렉시트로 시작된 국제정치 지형의 지각변동은 트럼프 현상과 맞물려 우리에게도 크나큰 도전을 제기하고 있다. 미—유럽 간의 갈등관계 심화로 글로벌 불확실성이 커질 것이고, 보호주의적 국제경제환경, 현실주의적 국제정치환경이 대두될 가능성이 농후하며, 다자주의적 국제질서가 퇴조할 가능성이 높다. 따라서 단기적으로 우리나라는 양자관계의 발전에 외교력을 집중해야 할 것이며, 중장기적으로는 다자주의 질서를 유지하는 데 최대한 기여할 필요가 있음을 잊지 말아야 할 것이다.

촛불의 시대정신과 촛불 이후의 사회

류웅재 | 한양대학교 미디어커뮤니케이션학과

새 대통령의 선출과 더불어 우리 앞에 변화는 임박해 있다. 이를 거창하게 혁명이라 부르지 않아도 이는 거부하기 어려운 시대정신이자, 거대한 역사적 전환의 한 국면임에 분명하다. 수류불경水流不競이라 했던가? 물은 흘러갈 뿐 다투지 않는다. 2016년 말 누구도 예측하지 못했고 미증유의 방식으로 전개되어 더욱 큰 경이로움을 체험하게 했던 촛불의 성취와 기억은 단순한 해프닝, 또는 그저 주목할 만한 정치적 사건으로 끝나지 않을 것이다. 나아가 그 의미와 이 과정에서 발현된 대중의 창발적 역할을 이전의 유사한 정치적 사건이나 재기발랄한 저항, 혹은 유희적 참여 정도로 축소하고 '이제 이 정도면 되지 않았나'라며 현실에 안주하려는 어떤 정치적 제스처도 그 목적을 이루기 어려울 정도로 많은 것이 바뀌었다.

그렇다면 '촛불'이라 명명된 실체, 혹은 사회적 상상, 그리고 바닷가의 모래알처럼 무수하고 다양한 희원을 안고 거리로 쏟아져 나온 수많은 평범한 시민들, 그들의 의지와 용기는 도대체 어디에서 온 것이고, 그것은 어떤 희망과 구체의 모습으로, 어디로 어떻게 흘러갈 것인가? 이는 단순히 가족기업의 형태로 전례 없고 광범위한 형태로 자행된 박근혜 전 대통령과 비선실세를 포함한 국정농단 세력을 탄핵하라는 외침으로 발화되었다 이내 사그라질 덧없는 것은 아닐 것이다. 어느 누구도 무능하고 부도덕한 대통령의 퇴진만으로 모든 정치적 혼란이 수습되고, 오랜 시간 켜켜이 쌓인 경제적, 사회적 모순이 일소되리라 믿지 않을 것이다. 이는 거리에서 "이게 나라냐"라고 외쳤던 시민들의 갈망이 정권교체만으로 실현되기에는 우리 앞에 놓인 과제가 그리 녹록하지 않음을 보여준다.

불과 몇 달 동안이지만 사람들의 뇌리에 분명하게 각인된 촛불의 놀라운 경험은 곧 한국 사회의 뿌리 깊은 적폐를 청산하고 학교와 직장, 그리고 가정, 그 안에 깊숙이 착근한 나쁜 관행들과 문화, 심각하게 왜곡된 젠더 구조와 척박한 노동의 현실, 권위주의적이고 물화한 인간관계 등 일상과 사회의 많은 영역에 불가역적인 변화의 단초가 될 것이다. 무엇보다 그러한 변화를 위해 우리 함께 촛불의 기억을 간직한 채 앞으로 나아가야 한다. 이는 한 해 전만 해도 상상하기 어려웠던 대통령의 탄핵, 그리고 많은 이들이 갈망했지만 좀처럼 일어나기 어려울 것이라 여기던 평화로운 정권교체를 비롯한 일련의 가시적인 정치적 변화에서부터 그 긴 여정은 이미 시작되었다고 볼 수 있다.

삶의 다양한 층위와 국면에서 일어날 작지만 중요한 변화들이야말로 우리로 하여금 촛불의 의미를 감상적이고 관성적으로 사유하거나 그간의 성취에 안주하려는 유혹을 경계하고, 이를 인내와 용기를 가지고 끊임없이 반추하고 실험해야 할 이유를 마련해준다. 그 변화의 몇 가지는 다음과 같은 형태로 가시화할 수 있고, 이를 둘러싼 사회적 공론화와 실천에 의해 시행착오를 거치며 조금씩 성취될 수 있을 것이다.

우선 촛불의 시대정신은 한국의 제왕적 대통령제와 기성의 보수화되고 형해화한 정당정치의 한계에 대한 성찰을 시대적으로 요청한다. 딱히 마음에 드는 후보가 없어도 내 표가 사표死票가 되거나 최악을 방지하기 위해 차선이나 차악을 '울며 겨자 먹기'식으로 선택하는 현행 선거제도는 나를 내가 행사한 표로 인수분해하고, 그런 면에서 민주주의의 지향이나 정신에 위배된다. 이러한 느슨하고 흠결이 많은 대의정치 제도는 자본과 권력을 독점한 채 온갖 부패와 권력남용으로 장삼이사張三李四 보통 사람들의 삶을 돌보지 못하고 이들을 생존에 대한 불안으로 잠식하거나 바우만Zygmunt Bauman의 표현처럼 '쓰레기가 되는 삶'으로 내몬다.

그러므로 촛불은 민주주의를 대학의 강단에서나 들을 수 있는 박제된 개념으로 축소하고 제약하려는 자본과 정치권력, 보수언론과 종교, 유약한 지식인과 전문가 집단의 카르텔로 이루어진 권력기반과 그러한 다중적 독점 체제를 교체하고 관련된 제반 제도와 시스템을 혁파해야 할 필요성을 진중하지만 분명하게 제기한다. 이를 통해 광장의 민주주의를 현장의 민주주의, 삶의 민주주의로 확장하고 심화시켜야 한다. 일상에서 민주주의자가 되지 않고서 우리가 말하는 민주주의는 껍데기뿐인 기표에 머물고 말 개연성이 크다. 이런 문맥에서 그저 단순한 정권교체는 '아랫돌 빼서 윗돌 괴는 것'과 크게 다를 바가 없을 것이다. 현재 필요한 것은 최태섭의 지적처럼 나와 생각이 다른 사람들을 '타자화'他者化하고 끊임없이 '구별 짓기'하는 점령군이 아니라 삶에서 민주주의를 사유하고 실천하는 지독한 자기성찰로 단련된 민주주의자들(『경향신문』, "무엇이 적폐인가?", 17/04/29)이다.

또한 우리는 촛불을 신자유주의가 강제하는 소비자본주의 사회에서의 인간과 노동의 소외, 이로 인한 삶의 빈한함과 곤고함을 극복하려는 새로운 정치경제적, 사회문화적 상상과 기획들을 실현하는 촉매제로 삼아야 한다. 이를 위해 우선 우리는 김홍중이 저서 '마음의 사회학'에서 언급했듯 성찰적 내면이 결여된 채 안락과 편리를 추구하는 물신화한 삶과, 쾌락과 생존에 대한 육괴적 욕망만을 느끼며 타인의 욕망에 의해 자신의 욕망이 계획되고, 추동되고, 소비되는 속물적, 타인 지향적, 자본주의적 자아와 삶을 진지하게 다시 생각해보고, 이에 창의적으로 저항하는 가운데 생산과 노동, 소비, 그리고 물질문화와 관련한 새로운 삶의 양식을 만들어갈 수 있을 것이다.

나아가 현대 사회의 종교가 되어버린 유사 과학, 가령 AI나 4차 산업혁명 등 지구적 자본과 공모한 기술결정론적 담론들이 양산하는 장밋빛 미래에 대해 역사적 교훈과 안목을 바탕으로 비판과 성찰의 시선을 거두지 말아야 할 것이다. 빌 게이츠나 스티브 잡스 같은 테크노크라트technocrat들의 언어를 나의 그것으로 나태하고 맹목적으로 내면화하거나 불투명한 미래에 대한 전망이나 불안한 마음을 의

지할 안식처로 삼지 말자. 비록 이것들이 정제된 과학이나 이지理智, 합리성의 언어로 우리를 끊임없이 설득하려 할지라도, 피로와 소진, 불안과 고독을 상시적으로 체험하는 우리 자신의 직관과 내면의 목소리에 더 진실하고 용기 있게 귀를 기울이자. 그리고 이를 타자들과 공유하고 감정이입하는 가운데 창조적으로 접합하고 재전유하려 노력해야 한다.

수많은 외신들이 찬탄해 마지않았던 평화로운 광장의 천만 촛불과 그 동력은 삶과 일상에로 전이 및 확장되어 직장과 학교, 가정 등 그간 우리 사회 곳곳에 뿌리내린 극단적 위계와 억압, 폭력과 권위주의 문화, 동시에 우리 자신의 내면에 침윤된 타자 지향적이며 물신화한 나르시시즘적 욕망과 스노비즘snobbism을 담담히 응시하고 교정하는 가운데, 새로운 공동체로 나아갈 수 있는 현장과 생활세계의 민주주의로 승화되어야 한다. 이는 정치 제도나 생산 양식의 변화와 더불어 새로운 의사소통 양식, 더 나은 사회에 대한 지속적 상상과 실천을 포함한 생활양식(way of life), 즉 문화의 변화와 연결된다는 점에서 레이몬드 윌리엄즈Raymond Williams가 저서 『장구한 혁명』에서 갈파한 것처럼 가시적인 제도적, 정치경제적 변화와 더불어 인간과 사회, 존재와 의식에 대한 간단間斷 없는 성찰과 개선을 실험하는 기나긴 혁명이 되어야 한다.

마지막으로 이러한 광장 정치와 직접 민주주의에서 얻은 소중한 경험과 자신감을 제도권과 정당 정치를 올바르게 작동할 수 있게 하는 또 다른 동력으로, 더불어 양자 간의 지속적인 긴장관계와 견제, 협업과 공조를 유지할 수 있는 정치적, 사회문화적 가치로, 꺼지지 않는 햇불로 타오르게 해야 한다. 이 과정에서 한나 아렌트가 말한 소명으로서의 공동체적 삶, 즉 참여자들 모두가 동등한 입지나 위치에 서 있는 정치적 공동체를 꿈꿀 수 있고, 더 나아가 우리를 타인을 향해 내던지기하고 끊임없이 말 걸기 하는 가운데 우리 자신을 권능화하고 공감과 연대를 극대화하는 실천적인 공동체에 한 발 더 다가갈 수 있을 것이다.

한국과 프랑스에 부는 변화의 열망

조홍식 | 숭실대학교 정치외교학과 교수

한국과 프랑스의 정치는 여러모로 닮은 모습이다. 국가가 권력을 모으는 중앙집권적 전통이 비슷하고 그 때문에 수도인 서울과 파리가 비정상적으로 비대한 구조가 닮았다. 권력이 집중되다 보니 정치 투쟁이 강렬한 양상을 띠고 따라서 혁명과 체제의 교체가 자주 일어나는 패턴도 유사하다. 프랑스는 자유, 평등, 박애의 대혁명의 나라이며 이후에도 1848년 민중의 봄, 파리 코뮌, 68 혁명 등으로 세계사에 유명하다. 한국도 동학부터 3·1운동과 4·19혁명, 광주 및 6·10 민주화 항쟁을 거쳐 촛불의 물결까지 역동적 정치의 현장이다. 체제 변화도 잦아 프랑스는 제5공화국이고 한국은 제6공화국이다.

두 나라가 운영하는 현재의 정치 체제 역시 무척 비슷하다. 헌법학자들은 프랑스 제5공화국을 이원집정부제라 부르고, 한국의 제6공화국을 대통령중심제라고 지칭하지만 실제로 두 체제는 흡사하다.

대통령과 의회가 모두 직선으로 선출되기 때문에 강한 두 갈래의 민주 정통성이 공존하며 대통령이라는 상징적 인물이 체제의 중심을 이룬다는 점에서 똑같다. 그 결과 대통령 후보를 중심으로 정치 세력이 이합집산 하는 경향이 생기며 결국 정당 체제가 무척 불안한 모습을 갖게 된다는 공통점이 있다.

원래 프랑스 대통령 임기는 7년이었으나 21세기 들어 5년제로 개정하여 한국과 같은 기간이 되었다. 여기에 이번 한국의 탄핵사태로 장미 대선이 치러지면서 심지어 두 나라의 대선은 하나의 리듬으로 움직이게 되었다. 따라서 같은 박자의 한국과 프랑스 정치는 자연스럽게 비교 분석의 대상이다.

2017년 5월 7일 프랑스에서는 '전진!'이라는 신생 정치세력의 마크롱이라는 젊은 신인 정치인이 결선투표에서 66%의 지지로 대통령에 당선되었다. 그리고 이틀 뒤 한국에서는 민주당의 문재인 후보가 재수 끝에 41% 대 24%라는 압도적인 지지로 2위를 누르고 당선되었다. 신인과 기성 정치인이라는 차이가 존재하지만 두 나라에서 공통적으로 드러난 국민의 염원은 변화에 대한 기대다. 마크롱은 이번 대선에 나서기 전에 선출직에 당선된 적도 없고 정당에 가입한 경험도 없다. 올랑드 대통령 정권에서 재무경제장관을 역임한 것이 유일한 공직 경험인 신인 정치인의 당선은 기존 정치에 대한 국민의 반감을 반영하였다. 문재인은 기성 정치인이지만 10년간의 보수 정권에 대한 실망과 탄핵 충격으로 인한 변화의 열망을 타고 당선되었다는 점에서 역시 개혁을 향한 의지가 드러났다.

대선의 결과뿐 아니라 과정에서도 기존 정치 세력에 대한 거부감과 새로운 정치에 대한 기대를 발견할 수 있다. 프랑스에서 온건 중도 좌·우파를 대변하는 사회당과 공화당은 결선 투표에 진출하지 못했다. 마크롱의 결선 상대는 극우 민족전선의 르펜이었고 극좌의 멜랑숑 역시 선전하였다. 반세기가 넘는 프랑스 제5공화국의 역사에서 이 같은 온건 중도파의 몰락은 처음 일어난 일이다. 한국에서도 집권에는 실패했지만 국민의당과 안철수 후보는 지난해 급조된 정당이라는 점에서 프랑스의 마크롱 및 '전진!'세력과 비교할 만하다. 또한 결선 투표가 없어 사표 방지 심리가 강한 한국에서 신설 바른정당 유승민과 진보적 정의당 심상정의 '선전'은 기득권 정치 세력에 대한 거부감을 반영하였다.

물론 변화를 희망하는 국민의 에너지는 두 나라 모두 높았지만 방향은 다소 달랐다. 한국에서 국가가 경제·사회 문제에 더 적극 개입하여 국민을 보호하고 복지를 향상시키기를 바라는 좌편향이었다면 프랑스는 국가보다는 기업과 시민사회에 자율성을 강화하는 우편향의 결과를 낳았다. 그 이유는 비교적 간단하다. 한국은 그동안 국가가 오른쪽으로 기울어 사회·경제적 책임을 방치해 왔기 때문에 복지의 강화가 필요한 경우라면, 프랑스는 반대로 국가가 그동안 과도하게 왼쪽으로 기울어 이제는 다이어트가 필요한 상황이기 때문이다. 국내총생산에서 공공지출이 차지하는 비중이 한국은 최하위 그룹에, 그리고 프랑스는 최상위 그룹에 속한다는 통계는 이를 잘 보여준다.

앞으로 5년간 두 나라의 미래를 책임질 문재인과 마크롱의 어깨는 특별히 무겁다. 동북아는 북핵 위기에 더해 미국의 트럼프라는 예측 불허의 불안요인이 등장함으로서 한국의 정확한 판단과 역할이 더욱 중요해졌다. 미국과 중국이 벌이는 거대한 게임에서 한반도의 이익을 도출하기는 더욱 어려워졌고, 보다 치밀한 전략적 사고를 필요로 한다. 유럽 역시 브렉시트를 협상하면서 새로운 통합의 동력을 확보해야만 세계무대에서 영향력을 유지할 수 있는 위기의 상황이라고 할 수 있다. 특히 미국의 트럼프가 일방적으로 좌충우돌하는 상황에서 유럽과 동아시아의 안정은 필수적이며 이런 점에서 한국과 프랑스의 새 정부의 기여와 협력이 기대되는 부분이다.

국제문화교류의 세 가지 얼굴

김태환 | 국립외교원

　세계화의 진전과 정보통신기술의 비약적 발전으로 국경을 넘나드는 문화교류는 이미 보편적 현상이 되었다. 오늘날 국제문화교류는 적어도 세 가지의 얼굴을 갖고 있다. 첫째는 상이한 '문화 간의 소통'으로서 국경을 넘어서는 문화의 흐름이 그것이다. 언어뿐만 아니라 음악, 미술, 음식, 생활양식 등을 포괄하는 문화는 기본적으로 소통의 양식이다. 국제문화교류는 마치 물이 높은 곳에서 낮은 곳으로 흐르는 것처럼 매력 있는 문화가 국경을 넘어서 자연스럽게 흘러가면서 상이한 문화권 또는 상이한 국가의 국민들 사이에 문화적 소통이 일어나게 된다. 이러한 차원에서의 문화교류에서는 국위선양이 아니라 타 국민, 타 문화에 대한 이해와 포용, 그리고 상호성과 다양성이 중요하다.

　두 번째는 경제상품으로서 문화의 흐름이다. 자본주의의 세계화와 창조산업, 문화산업의 발달로 문화상품의 경제적 가치, 생산과 배분, 순환, 그리고 소비의 전 과정은 물론, 문화와 경제 간의 상호관계를 다루고 있는 문화경제(cultural economy)에 대한 관심이 증폭되고 있다. 전 세계적으로 문화산업의 규모는 빠른 속도로 증대하고 있고, 한국의 콘텐츠산업 역시 지난 5년간 매출액과 수출액의 측면에서 각각 20%(2016년 105조원), 37%(2016년 63억 불)에 이르는 가파른 증가세를 보이고 있다. 국제문화교류는 바로 이러한 문화경제의 맥락에서 영화, 음악, 게임, 방송 등 문화 콘텐츠 산업의 성장 및 국제 교역 과정에서 일어나게 된다. 이 차원의 문화교류가 추구하는 것이 경제적 이익의 극대화임은 자명하다.

세 번째는 공공외교의 한 분야로서 문화외교이다. 특정 국가의 문화자산은 소통이나 경제적 이익 추구와는 별도로 외국민들의 마음을 얻음으로써 국제사회에서 궁극적으로 자국에 대한 이미지나 인식을 제고한다는 뚜렷한 외교적 목적 하에 사용되고 있다. 정보통신기술의 비약적 발달로 국가사회는 물론 국제사회에서도 비국가행위자들의 목소리와 영향력이 높아짐에 따라서 이들을 대상으로 하는 공공외교가 급부상하고 있고, 문화외교는 공공외교의 전통적 하위 분야로서 그 위상을 굳혀 왔다.

주지하듯 한류는 1990년대에 드라마를 중심으로 하는 이른바 '한류 1.0'에서 시작하여, 2000년대 중반 이래 K-팝을 중심으로 하는 '한류 2.0'으로 발전을 거듭하면서 대중문화를 통한 세계와의 소통과 한국 문화상품의 해외 진출은 물론, 문화외교의 자산으로서 한국의 공공외교를 선도해왔다고 해도 과언이 아니다. 한마디로 세 가지 얼굴을 모두 가지고 있는 복합적인 문화현상인 것이다. 그러나 박근혜 정부에서는 "문화융성"과 "창조경제"의 기치 하에 문화한류를 "융합한류" 또는 "경제한류"로 확장시키고자 하는 이른바 '한류 3.0'을 표방하면서 한류에 대한 일원론적, 경제적 접근이 두드러졌다. '한류 3.0'은 문화 전반으로 한류의 영역을 확대하고, 관광, 게임, 쇼핑, 패션, 의료, 식품 등 타 산업과의 융합을 통해서 연관 산업 분야에서 경제적 성과를 창출함으로써 한류의 확산 효과를 극대화한다는 것이었다. 문화체육관광부는 2015년 1월 대통령 신년 업무보고에서 "한류를 통한 문화영토를 전 세계로 확대"한다고 했으며, 2016년 문체부, 미래부 등 6개 부처 연두보고에서는 여기에서 한 걸음 더 나아가 "문화의 산업화, 산업의 문화화로 문화융성 및 창조경제를 달성"하고 "세계 속의 경제영토를 한류로 개척"하겠다는 계획을 밝힌 바 있다. 외국인들이 이러한 '공세적' 표현을 직접 접했다면 무엇을 느꼈을까? 한국의 문화에 선뜻 그들의 마음을 열고 싶었을까? 결국 "문화융성"은 최순실 국정농단 사건으로 말미암아 새 정부의 야심찬 정책 아젠다로부터 비리의 온상으로 반전되어 내부적인 와해의 위기를 맞게 되었다. 이는 문화를 경제상품으로 보는 문화산업적 접근, 즉 한류에 대한 지나친 경제적 접근이 그 핵심 요인 중의 하나였던 것이다.

국제문화교류에 대한 세 가지 접근은 나름대로의 취약점을 가지고 있다. 문화 간 소통은 지나치게 일방향적 '전파'의 측면이 강조될 때 수용국의 문화 제국주의적 인식을 촉발하고 이에 따른 부정적 규제 및 대중들의 반발을 불러일으킬 수 있다. 또한 문화경제적 측면이

지나치게 강조될 경우, 문화교류는 '문화 판촉'으로 변질되어 역시 수용국의 반발을 초래할 수 있을 뿐만 아니라 상품으로서의 지속성의 문제에 봉착하게 된다. 이러한 부정적 측면은 이미 일부 국가들에서 '혐한류', '항한류', '반한류' 현상으로 표출되어 왔고, 일부 수용국 정부 차원의 규제도 행해져 왔다. 문화자원을 외교적 목적으로 활용할 때에도 이것이 과열되면 국가 간 하드 파워 경쟁과 유사한 현실주의적 소프트 파워 경쟁을 초래할 수 있다. 문화적 차이가 갈등과 대립, 심지어는 헌팅턴Samuel P. Huntington이 예견했던 바와 같은 "문명의 충돌"을 야기할 수도 있는 것이다.

결국 정부차원의 문화정책은 어느 한 측면에 지나치게 경도됨이 없이 국제문화교류의 세 가지 얼굴에 대한 차별적 접근을 취해야할 필요가 있다. 문화 간 소통은 상호성과 다양성을 중시하는 개방정책, 문화경제는 콘텐츠 개발에 초점을 맞추는 진흥정책, 그리고 문화외교는 '우리 문화의 우수성'을 일방적으로 설파하기보다는 상대방과의 차이를 인정하고 문화 간 대화와 협력을 강조하는 포용적·협력형 정책이 요청된다. 공공외교의 관점에서는 문화를 국제적 공공재(public goods)로 인식하고 문화 간 소통을 넘어서 문화 간 연결을 통해서 상호이해는 물론 상호신뢰를 쌓아 갈 필요가 있다. 영토와 주권이 분리의 공간이라면, 문화는 연결과 관계구축, 그리고 포용의 공간이어야 한다. 상이한 문화 간 공동의 프로젝트를 통해서 국제적인 문화 공공재를 만들어 갈 필요가 있다. 이러한 의미에서 이제는 테마가 있는 문화협력을 고려해야 한다. 이란의 하타미Mohammad Khatami 대통령이 제안했던 "문명 간 대화(Dialogue among Civilizations)", 스페인

과 터키가 제안했던 "문화연합(Alliance of Civilizations)"은 좋은 예가
될 수 있다. 분단 70년으로 이질화된 남북한 간에 이러한 시도를 먼
저 시작하는 것은 어떨까?

수치심의 가능성

김성경 | 북한대학원대학교

얼마 전 마음의 빚을 덜어 내려 그곳에 갔다. 바로 꽃 같은 아이들을 삼켜버린 바다와 고철덩어리가 되어 돌아온 세월호가 있는 목포신항이다. 노란색 리본과 깃발이 휘날리는 그곳에서 감각은 진공상태가 되어버려 초현실적이기까지 하다. 바다를 보는 것도, 초여름의 햇살과 바람을 느끼는 것도, 파란 하늘을 올려 보는 것도 그곳에서는 가능하지 않다. 그저 정체모를 감정으로 가슴이 먹먹해져 멍하게 허공을 바라볼 뿐이다. 죄의식과 부채의식 때문이리라. 아이들을 지켜주지 못했다는 것에, 사는 것이 바쁘다는 핑계로 아이들을 잊은 채 일상을 살아간다는 것에, 하루하루 죽은 채 살아가는 유가족과 미수습 가족들을 외면했다는 사실 앞에 우리 모두가 느끼는 부끄러움이라는 감정이다.

세월호가 침몰한 이후 한동안은 일상이 평탄하게 계속되는 것 자체를 견디기 어려웠던 것 같다. 거리에서 마주친 비슷한 또래의 아이들만 봐도 눈물이 흐르던 때도 있었다. 하지만 시간이 흘러가면서 조금씩 무뎌져 갔다. 어쩌면 잊고 싶었던 것 같기도 하다. 그 고통을 계속 겪어 낼 자신이 없어서, 그 비통함으로 일상을 살아 낼 자신이 없어서였다. 이런 마음을 아는지 국가와 언론은 그저 '사고'일 뿐이었다고 말하며, 그만하면 충분하다는 감정적 알리바이를 제공하기도 했다. 하지만 이렇게 약한 우리를 꾸짖기라도 하듯 세월호는 거짓말처럼 다시 나타났다. 흉물스런 모습을 드러낸 채 세월호는 아이들을 영원히 기억할 것을 명령하고 있으며, 아무것도 하지 못한 우리에게는 망각의 자유를 불허한다.

사실 아이들을 잃어버린 이후에도 한국사회는 수많은 고통 앞에서 비겁했다. 안전한 나라를 만들겠다는 다짐을 비웃기라도 하듯 곳곳에서 무고한 사람들이 목숨을 잃고 다쳤다. 정부 규제의 허점을 여실히 드러낸 가습기 살균제 참사, 하청 업체의 열악한 노동 환경으로 인한 구의역 청년 노동자의 죽음, 방역망을 비웃기라도 하듯 한국사회를 마비시킨 메르스 사태 등 대부분의 사건사고는 인간보다 더 중요해져 버린 돈과 효율성에 의한 인재人災임에 분명하다. 타인의 고통 앞에서 잠시 가슴 아파하며 동정하기도 했지만, 그 고통을 막아내는 것을 자신의 의무로 받아들이는 이들은 극소수에 불과했다.

사실 경제적 논리가 모든 것이 되어 버린 한국사회에서 '사람'답게 사는 것의 의미는 경제적 안정과 동의어가 된지 오래다. 타인과의 호혜적 관계를 바탕으로 공감과 이해의 사회를 만들어 가는 것은 이제는 너무나 큰 이상이 되어버린 것이다. 배제되어 파편화된 개인은 약한 이들을 향한 혐오 감정에 빠져들기도 하고, 자신의 이득만을 쫓는 욕망의

괴물이 되는 것을 두려워하지 않는다. 고립된 개인들은 타자의 존재가 불편하고, 타자의 고통은 더더욱 감각할 수 없다. 타자와 함께 사는 것을 고민하지 않은 개인들이 모여 있는 곳은 더 이상 사회일 수 없으며, 사회가 존재하지 않는 곳에서 인간은 동물로 전락하고야 만다.

이런 맥락에서 역설적이게도(비통하게도) 세월호 참사는 벼랑 끝에 몰려 붕괴되어 가는 한국 사회를 복원하는 힘을 만들어낸 메시아적 사건이다. 왜냐면 세월호 참사는 한국사회의 민낯을 오롯이 마주하는 경험이었으며, 동시에 '지금―이곳'에서 살아가고 있는 우리 모두가 수치심이라는 도덕 감정 앞에 노출되는 기회였기 때문이다. 진은영은 연민과 수치심을 구분하면서, 연민은 고통 받는 이들의 상황과의 거리두기가 가능한 경우에 느끼는 감정이라고 설명한 바 있다. 즉, 연민을 느낀다는 것은 고통 받는 이의 삶이 나의 잘못이 아니라는 확신이 있을 때 가능한 것이다. 연민의 감정은 그것이 지닌 '착한' 의도에도 불구하고, 책임을 동반하지 않으며 그만큼 무기력하다. 반면에 수치심은 자기완성을 추구하는 주체가 자긍심이나 자존감이 손상되었을 때 느끼는 것으로, 인지하고 있는 능력과 역량을 충분히 발휘하지 못했음을 후회하며 느끼는 부끄러운 감정을 의미한다. 수치심은 '부족한' 나의 정수리를 바라보며 더 나은 나를 만들어 가려는 주체의 몸부림이다. 그만큼 수치심은 내면의 수동적 감정에 머무는 것이 아니라, 더 나은 방안을 만들어 가는 정치적 행위의 원천이 된다. 이런 맥락에서 세월호 참사 앞에서 지난 수년간 우리를 괴롭혀 온 정체모를 감정은 사실상 처음으로 타인의 고통 앞에서 자신을 성찰하고 반성한 한국사회의 집단 수치심이라는 측면에서 의미심장하다.

세월호 참사를 통해 경험한 수치심이라는 도덕 감정은 사실 지난 겨울의 한국사회의 변혁을 만들어냈던 힘으로 확장되었다. 해체되어 가는 사회 속에서 아무것도 하지 못했다는 수치심과 지금이라도 각자의 역량을 발휘해서 바꿔 내야 한다는 의무감으로 시민들은 광장에 모여 촛불을 들었던 것이다. 더 이상은 가만히 있지 않겠다는 다짐은 한국사회가 세월호라는 참사를 겪으면서 갖게 된 새로운 정치적 감성임에 분명하다. 세월호 앞에서 우리가 느끼는 수치심은 앞으로도 계속되어야 한다. 아이들을 지켜주지 못했다는 것에서 머무는 것이 아니라 어떤 사회적 정치적 구조가 이러한 참사를 만들어내고, 은폐하려 했는지 그것이 모두 다 밝혀질 때까지 말이다. 타인의 고통을 연민하는 것은 아무것도 바꾸어 낼 수 없지만, 그 앞에서 자신을 자책하며 수치스러워하는 것은 타인과의 연대를 모색하게 하고, 결국 세상을 바꿔 내는 기초가 될 것이다.

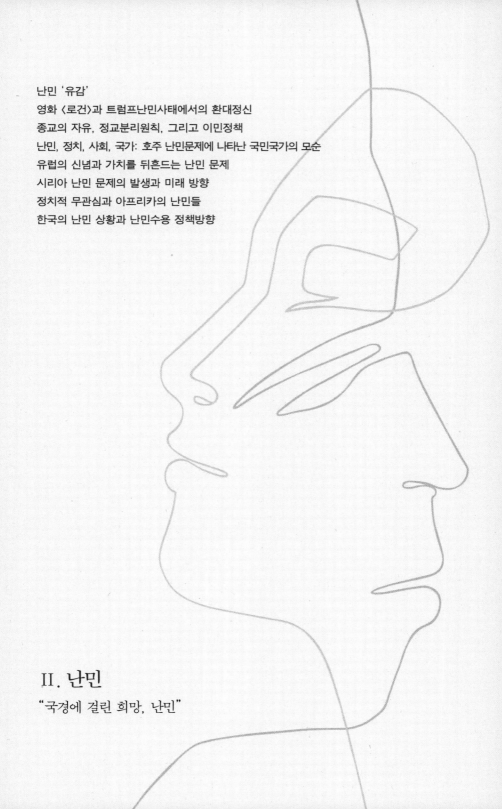

II. 난민

"국경에 걸린 희망, 난민"

난민 '유감'

김현미 | 연세대학교 문화인류학과

이번 1월 삼 주간 베를린 자유대학에서 체류하며 베를린 시내를 둘러봤다. 도시는 거대하고 촘촘한 교육관 그 자체였다. 홀로코스트의 유태인 희생자를 기억하고, 이런 끔찍한 대량학살을 일으킨 가해구도와 가담자, 가해 방식을 다양한 박물관과 전시관의 형태로 도시 속에 각인시키고 있었다. 이를 통해 돌이킬 수 없는 학살을 '과거'가 아닌 살아있는 모든 사람의 책임으로 환기하는 '바로, 이곳의'(Now and Here) 정치를 실현시키고 있다. 위안부 문제의 사회적 책임을 공유하기 위한 그 작은 소녀상도 제대로 세울 수 없는 우리의 현실과는 매우 대조적이다. 베를린이라는 도시 속의 다양한 기념물들은 타민족에 대한 혐오나 인종주의의 부상을 감시하는 성소로 기능했다. 이런 방식의 꼼꼼한 재현을 통한 역사 인식 및 미래에 대한 다짐에 큰 감동을 받았다.

그런데, 여기저기서 '난민'이 문제란다. 시리아 난민을 받아들이는 데 가장 적극적인 태도를 보였던 독일에서 난민은 새로운 사회적 근심으로 부상하고 있다. 그 수가 너무 많고, 독일 주류사회의 '준비'가 안 된 상황에서 어쩔 수 없이 받아들이게 되었다는 것이다. 일리가 있는 말이다. 하지만 주관적인 느낌이 아닌 '사실들'을 들여다보면 난민 위기는 과장되고 감정화된 측면이 강하다.

유럽의 냉전시기 난민들은 '공산주의로부터 탈출한 사람'들로 환영을 받았지만 냉전 종식 이후 상황은 달라졌다. 1990년대 이후 이주민 및 난민 문제에 대처하기 위해 경제적으로 윤택한 유럽 국가가 선택한 것은 중세시대처럼 국경 봉쇄를 통해 이주자를 차단하는 '유럽의 요새화' 전략이었다. '요새화' 전략은 이주 관리를 국가의 경제, 정책, 안보 분야의 정책 목표로 설정했다. 즉, EU 통합이후 '난민' 문제가 정치적 아젠다로 급부상한 것이다. EU 가입국들은 EU인들의 국경 없는 자유로운 이동 및 노동의 권리를 보장했지만, 동시에 물샐틈없는 방어벽을 통해 EU 가입국 밖에서 오는 난민들에 대해서는 '이동 차단'을 해법으로 내세웠다.

1995년 쉥겐협정이 발효한 이후 EU 내부의 국경선은 폐지되었지만 난민을 차단하고 공동적으로 대처하는 EU 차원의 방어벽은 더 높아졌다. 즉, EU가입국의 노동과 자본 유연화라는 신자유주의적 목적을 달성하기 위해, 난민은 위협, 빈곤, 이질성이 극대화된 상상적 타자로 구성되었다. EU통합에서 오는 복잡한 불확실성이 '난민' 문제라는 집단적 응집력으로 대체된 것이다.

실제 유럽이 몸살을 앓고 있다고 주장하는 난민 수용은 수치상으로도 과장된 측면이 강하다. 케슬과 밀러가 지적했듯이, 실제로 주요 난민 수용국을 규모가 큰 나라부터 나열하면 파키스탄, 이란, 미국,

시리아, 독일, 요르단, 탄자니아, 영국, 중국, 차드 순으로 이들 중 미국, 영국, 독일만이 경제부국이다. 난민은 난민 발생의 원인이 되는 빈곤이나 지역분쟁이 일어나는 지역 근처에 머무는 경향이 있다는 점을 잘 보여준다. 유럽이나 미국만이 현재의 난민 위기를 떠받들고 있는 것이 결코 아니다. 오히려 이들 국가들은 지속적인 정치, 경제, 군사적 개입을 통해 대량 난민을 발생시키는 원인 제공자다. 이에 대한 반성은 찾아볼 수가 없다.

독일에서 만난 진보적인 학자들 또한 난민이 모든 문제의 원인인 것처럼 재현되는 것에 대해 큰 우려를 표명한다. 이들은 독일의 사회 건설은 주변국에서 온 이주민과 난민을 통해 이뤄졌다는 점을 환기시킨다. 즉, 독일 사회는 동질 종족의 자족적 인구 재생산을 통해 만들어진 사회가 결코 아니다. 1950년대 중반까지 동유럽을 비롯한 주변국에서 천이백만 명이 독일로 들어왔고, 1950년부터 1970년까지 천사백만 명의 초청이주노동자를 들여와서 경제 및 사회 건설을 이뤄냈다. 한국에서 온 간호사나 광부 또한 독일의 빠른 경제 성장과 사회 안정에 기여한 초청이주자들이다. 2013년 이후 받아들인 시리아 난민 수용 또한 갑작스러운 일이 아니다. 독일은 1970년 후반 이란과 베트남을 비롯해, 1990년대 초반 유고슬라비아로부터 난민을 받아들였고, 이들은 독일 사회의 정치적 포용력과 인권 의식을 고취시키는 데 크게 기여해왔다.

누가 '난민'을 양립 불가능한 이질적 존재라 호명하는가? 하나의 순수한 혈연 공동체로 결코 존재해 본 적이 없는 독일 사회에서 또 다른 종족이 덧붙여지는 것이 그렇게 위협적인 현실인가? 내가 만나 본 진보적 학자들은 현재의 난민 담론이 새로운 집단 정서를 만들어 낸다는 점에서 매우 우려하고 있었다. 현대 독일의 다인종, 다민족적 역사적 구성성의 현실을 간과한 채, 마치 위협적인 존재들이 몰려오고 있고, 이런 '이물감'을 제거하는 것이 시민사회의 질서를 유지하는 길이라는 믿음을 확산시키고 있다는 것이다. 즉, 난민에 대한 비하, 혐오, 폭력을 독일 시민사회와 라이프스타일을 지켜내기 위한 정당한 행동으로 바라보게 만든다는 것이다. 무언가 역사적 유사성이 느껴지는 대목이다.

유태인에 대한 비하, 멸시, 혐오, 폭력, 그리고 대량 학살은 일련의 감정과 행위의 연쇄 고리 속에서 진행된 것이다. 어느 날 갑자기 히틀러라는 지도자에 의해 동원된 살인의 기획이 아니라, 오랜 기간 여론이 유포한 이미지와 일상생활 속의 시시콜콜한 무시와 놀림, 해코지가 축적되고 방치된 결과였다. 그런 점에서 홀로코스트의 애도의 기념물들은 현재 유럽 사회의 난민에 대한 태도에 경종을 울리는 '바로, 이곳의'(Now and Here) 정치를 구성해가는 환기의 장치가 되어야 한다. 덧붙여 독일에 온 수천만의 이주자와 난민들이 이룩해 온 기여와 헌신의 기념물과 교육장이 더 많이 생겨나길 기대한다. 그런 점에서 독일은 여전히 본받아야 할 나라다. 이주자의 사회적 기여가 언급조차 되지 않는 한국 사회의 척박한 역사 인식을 고려해 볼 때, 더욱 그러하다.

영화 〈로건〉과 트럼프난민사태에서의 환대정신

진달용 | School of Communication, Simon Fraser University

영화 〈로건〉의 주 무대인 2029년과 트럼프가 대통령직을 시작한 2017년은 참 많이도 닮았다. 마치 영화라는 "미디어가 현실의 반영"이라는 주장을 증명하기라도 하듯, 두 개의 전혀 다른 세상은 한 가지 큰 틀에서만큼은 일란성 쌍둥이를 보는 듯한 착각을 하게 만든다. 미국 땅에서 살기 힘들어진 사람들이 캐나다 국경을 넘어가고, 캐나다는 이들을 인도주의 정신에 입각해서 받아들인다는 점에서다. 캐나다가 "두 팔 벌려 타인을 내 집 식구로 받아들이는 환대정신"을 실천하고 있다는 공통점이다.

더 울버린 시리즈의 마지막으로 기록될 것 같은 영화 〈로건〉은 휴 잭맨으로서도 마지막 울버린 영화이다. 돌연변이 신세로 그동안 많은 역경을 겪어 온 영화 속 주인공 울버린(로건)도 이제는 늙고 힘이 빠져서 하루하루 살기도 힘든 신세. 그러나 로건은 자신의 딸과 그리고 비슷한 또래의 아이들이 작위적인 종의 변화로 돌연변이로 만들어진 후 살인병기로 만들어지는 것을 거부하고 인간적인 삶을 살기 위해 캐나다로 넘어 망명하는 것을 돕게 된다. 이들은 추적자들의 눈을 피해 미국과 캐나다 국경의 노스다코다 주 산악지역을 통해 망명을 도모하게 되고 캐나다는 이를 사전에 허용한다. 로건이 이들 아이들의 무사 망명을 돕기 위해 마지막 결전을 치루는 것이 이번 영화의 하이라이트 중 하나라고 할 수 있다.

한편, 트럼프가 대통령이 되면서 시작된 난민들의 캐나다행은 2017년 현재 미국과 캐나다 간 국경에서 쉽사리 목격된다. 트럼프에 의해 미국행이 막힌 난민들이나 이미 미국에 들어와 있던 외국인들 중 미정부에 의해 불법이민자로 체포될 것을 우려하는 일부가 캐나다로 밀입국을 시도하고 있다. 다른 해에 비해 유난히 춥고 눈이 많이 왔던 올 2~3월에 동사를 무릅쓰고 미 국경을 넘어 캐나다행을 택하고 있다.

저스틴 트뤼도 캐나다 총리는 이와 관련, 캐나다로의 불법이민이 크게 늘고 있지만 이를 막지 않고 문을 열어 놓겠다는 뜻을 분명히 밝혔다. 2월에 단행된 캐나다 의회 연설에서 "우리는 앞으로도 난민을 계속 받아들일 것"이라고 천명했다. 미국에서 불법으로 건너오는 캐나다 망명 신청자를 억지로 막을 생각은 없으나, 캐나다인들의 안전을 지킬 장치도 확보하겠다는 뜻을 분명히 했다.

영화 〈로건〉과 현 트럼프체제의 미국과 캐나다와의 관계에서 두드러지게 나타나는 것은 캐나다가 지속적으로 유지하고 있는 환대정신이다. 환대정신은 단순히 타자를 받아들이는 것에 그치는 것이 아니라 "타자를 자아의 범주로 받아들임으로써 자아의 영역을 확장시키는 태도"이다. 인권과 다양성을 중시하는 캐나다의 전통과 그 맥을 같이 하고 있으며, 따라서 이를 이어가겠다는 뜻이다. 캐나다는 무엇보다 난민을 수용하되, 자국민들의 안전을 지키겠다는 의지를 보임으로서, 난민이라는 타자로 인한 위험요소를 정책적으로 최소화하겠다는 의지를 보이고 있다.

물론, 캐나다인들 모두가 트럼프 난민을 환영하는 것은 아니다. 실제로 캐나다의 한 여론조사에 따르면 많은 캐나다인들이 트럼프 난민 수용을 반대하고 있다. 응답자의 41%가 트럼프 난민이 캐나다 사회를 위험하게 만들 가능성이 있다고 답했다. 따라서 캐나가 정부가 추진해야 하는 난민수용정책은 환대에 근간을 두되 정책적으로 난민과 캐나다인이 융합할 수 있도록 하고, 캐나다인들의 안전에 위협요소가 되는 과제들을 해소해 나가는 것이 중요하다고 할 수 있다.

환대정신은 무조건 타자를 받아들이는 데 핵심이 있는 것이 아니라 타자를 받아들인 후에도 이들이 이방인이 아니라 자국민에 준하는 위치로 공생할 수 있는 조건을 만드는 데 그 핵심이 있다. 난민으로 인해 발생할 수 있는 자국민들의 불안요소를 해소하기 위해 적절한 정책을 입안 실행하는 것도 결국은 환대정신의 실천적 조건일 수밖에 없다.

영화 〈로건〉 속에서는 캐나다가 돌연변이 아이들의 망명을 받아들이는 환대정신을 실천하고 있으나, 자국민들과 돌연변이 난민들이 어떻게 융합할 수 있는지에 대해서는 설명이 없다. 이 영화가 캐나다의 환대정신을 주제로 하는 영화는 아닌 만큼 충분히 이해할 수 있다. 현실 속에서의 트럼프 난민을 둘러싼 캐나다정부는 그러나 환대정신과 함께 자국민들의 불안요소를 제거함으로써 자국민과 타자가 실제적으로 융합하는 상생의 시대를 만들어 가야 한다.

종교의 자유, 정교분리원칙, 그리고 이민정책

설동훈 | 전북대학교 사회학과

도널드 J. 트럼프 미국 대통령은 취임하자마자 그의 선거공약을 이행한다는 기치 아래 세 개의 행정명령에 서명하였다. 그는 2017년 1월 25일 '국경안보와 이민단속 강화 행정명령 제13767호'(Executive Order 13767: Border Security and Immigration Enforcement Improvements)와 '미국 내 공공안전 개선 행정명령 제13768호'(Executive Order 13768: Enhancing Public Safety in the Interior of the United States)에 서명하였다. 이두 행정명령의 후속 작업으로, 2월 21일에는 국토안보부 장관을 지명해 지시하는 형식의 대통령 메모(Presidential Memorandum)를 각각 발표하여, "국경을 넘는 밀입국자" 단속(border enforcement)과 "미국 내 일자리를 잠식하는" 서류미비자 단속(interior enforcement)을 강화하였다.

그와는 별개로, 1월 27일, 트럼프 대통령은 '미국에 들어오려는 외국인 테러리스트로부터 나라를 보호하기 위한 행정명령 제13769

호'(Executive Order 13769: Protecting the Nation from Foreign Terrorist Entry into the United States)에 서명하였다. 이 행정명령은 이라크·이란·소말리아·수단·시리아·리비아·예멘 등 중동과 북아프리카 7개국 국민의 입국을 90일간 금지하는 것을 핵심 내용으로 하고 있는데, 미국 정부로부터 비자를 발급받은 사람은 물론이고 영주권자도 대상으로 하였다.

그러자 워싱턴주와 미네소타주 정부는 행정명령 제13769호가 위헌 소지가 있고 혼란을 초래한다고 보고 워싱턴주 시애틀 소재 연방지방법원(US District Court)에 '잠정중지명령'(temporary restraining order: TRO) 소송을 제기하였다. 행정명령 제13769호가 발효된 지 일주일밖에 지나지 않은 2월 3일, 연방지방법원에서는 종교와 표현의 자유를 규정한 수정헌법 제1조(The First Amendment)에 위배된다는 점을 근거로, 미국 전역에서 그 효력을 법원의 확정 판결이 있을 때까지 '잠정적으로 중지'하라고 판결하였다. 미국의 수정헌법 제1조는 "연방의회는 국교설립에 관한 것이거나 자유로운 종교행사를 금지하는 어떤 법률도 제정해서는 아니된다."라고 하여 종교의 자유와 정교분리원칙을 천명하고 있다. 유럽에서 종교의 자유를 찾아 신대륙으로 건너온 사람들에 의하여 건설된 미국의 정부가 국민의 대다수가 특정 종교를 가진 나라 출신 외국인에 대하여 차별대우를 행하는 것은 헌법 위반이므로 중단되어야 한다는 것이다.

트럼프 행정부는 캘리포니아주 샌프란시스코 소재 제9연방항소법원(US Court of Appeals)에 불복 신청(motion for an appeal)을 하여, 판결 집행 긴급유예(emergency stay)를 요청하였다. 그러나 제9연방항소법원은 2월 9일 그 긴급유예 요청을 기각하였다. 3명의 재판관은 만장일치로 "국가안보라는 공익과 자유로운 이동 간에 충돌이 있다는 점은 이해하지만, 입국 금지 조치를 재개하지 않으면 돌이킬 수 없는 상처를 입을 것이라는 항고의 정당성을 연방정부가 입증하는 데 실패했다"고 본 것이다. 그 결과, 행정명령 제13769호에 대한 법원의 '잠정중지명령'은 유지되었다.

트럼프 대통령은 행정명령 제13769호에서 문제가 된 몇몇 조항을 수정하여 3월 6일 '미국에 들어오려는 외국인 테러리스트로부터 나라를 보호하기 위한 행정명령 제13780호'(Executive Order 13780: Protecting the Nation from Foreign Terrorist Entry into the United States)에 서명하였다. 이 행정명령 제13780호는 입국 금지 대상국에서 이라크를 제외하는 한편, 나머지 6개국 출신 국민의 경우 이미 비자를 발급받은 사람과 영주권자의 미국 입국을 허용하였다. 비자 발급 시, 기독교도가 이슬람교도보다 우대받는 것으로 해석될 수 있는 조항도 삭제하였다. 시리아 난민에 대한 "무기한" 입국 금지 조항도 완화하여 난민 프로그램 검토 때까지 "120일간" 한시적으로 적용하는 것으로 바꾸었다. 발효 시점도 대통령 서명 즉시 발효했던 행정명령 제13769호와는 달리, 시행 초기 혼란을 예방하기 위해 10일간 유예기간을 두어 16일부터 발효하도록 하였다. 트럼프 행정부는 시간이 오래 걸리는 연방대법원의 판결을 기다리기보다는 새로운 행정명령으로 기존의 것을 대체하는 방식을 취한 것이다. 그렇지만 하와이주와 워싱턴주를 비롯한 여러 주정부들은 행정명령 제13780호에 대해서도 연방법원 제소를 검토하고 있다고 한다.

한편, 행정명령 제13769호로 인한 혼란이 심각했던 2월 3일(한국 시간) 국내 언론은 일제히 "트럼프 대통령은 1일(현지시간) 워싱턴 D.C.에서 열린 전국조찬기도회(National Prayer Breakfast) 연설에서 교회의 정치 참여, 교회 목사의 정치적 발언을 금지한 '존슨수정헌 법'조항의 폐기를 약속했다."고 보도했다. 그 기사의 출처인 뉴시스 의 기사는 "…정교분리 '존슨수정헌법' 폐기 선언"을 헤드라인으로 뽑았고, "'존슨수정헌법'은 무엇? …폐기 시 파장은?"이라는 친절한 해설기사까지 제공하였다.

아무리 막 나가는 도널드 트럼프 대통령이라고 해도, 헌법을 개정 하겠다는 약속을 그렇게 쉽게 할 리는 없다는 생각에, 필자는 그 기 사의 진위를 확인하는 작업에 착수하였다. 미국의 수정헌법 조항 전 체를 여러 차례 읽어보아도, 그러한 조항을 찾을 수 없었다. 한참을 헤맨 끝에, 뉴시스 기자가 '1954년 존슨Lyndon B. Johnson 수정연방세 법'[Johnson Amendment]을 '존슨연방헌법'이라 오역하고 그릇된 해 설까지 달았다는 것을 알았다.

존슨 수정연방세법은 "교회 등 비과세 혜택을 받는 기관은 특정 정치인에 대한 지지나 반대 의견을 표명할 수 없다."고 규정하고 있 는데, 비과세 혜택을 받는 기관 관계자가 그 규정을 위반할 경우, 미 국 국세청이 조사를 시행한 후 비과세 혜택을 박탈할 수 있게 되어 있다. 수정 연방세법의 규정에 의거하여, 미국 내 비과세 종교기관 에 봉직하고 있는 성직자들은 정치적 발언을 자제할 수밖에 없었고, 그 결과 자연스레 정교분리의 문화가 정착되어 온 것이다.

정교분리의 원칙은 현대 국가가 공통적으로 강조하는 헌법상의 원칙이다. 예컨대, 프랑스헌법 제1조 제1항은 "프랑스는 비종교적·민주적·사회적·불가분적(indivisible) 공화국이다. 프랑스는 출신·인종·종교에 따른 차별 없이 모든 시민이 법률 앞에서 평등함을 보장한다. 프랑스는 모든 신념을 존중한다. 프랑스는 지방분권으로 이루어진다."라고 규정하여, 종교와 정치를 엄격하게 분리하는 라이시테laïcité를 견지한다. 대한민국헌법도 제20조 제2항에서 "국교는 인정되지아니하며, 종교와 정치는 분리된다."라고 명료하게 규정하고 있다.

정교분리가 만국 공통의 원칙이지만, 미국의 트럼프 대통령은 연방세법 조항을 개정하여 보수 기독교 성직자들이 면세 혜택의 박탈이라는 두려움 없이 공개적으로 자신을 지지할 수 있도록 그 장벽을 제거하겠다고 다음과 같이 약속하였다. "우리의 종교 대표들로 하여금 징벌의 두려움 없이 자유스럽게 이야기할 수 있도록 허용하겠다." 그의 약속이 실현될 것인지 여부는 알 수 없지만, 그것이 논란거리가 될 것이라는 사실은 분명하다.

한국의 상황은 어떠한가? 한국의 종교기관과 성직자들은 대부분 비과세 혜택을 누리고 있다. 그러면서도 일부 종교지도자들은 "두려움 없이 자유스럽게" "특정 정치인에 대한 지지나 반대 의견을 표명"하고 있다. 더구나 2016년 제20대 총선에서는 '기독교 근본주의'에 기초해반이민·반다문화를 공약으로 내건 극우파 정당들(기독자유당, 기독민주당)이 등장하기도 했고, 2016~2017년 탄핵정국에서도 몇몇 종교지도자들은 자신의 정치적 견해를 과감히 표출하고 있다. 그들 중 일부는특정 종교와 그 신자를 비하하는 발언도 서슴지 않는다. 그러한 행위는 차별이며 처벌 대상이다. 타자가 자신의 신념과 다르다는 이유로

그들을 적으로 간주하는 세력이 한국사회에서 똬리를 틀고 있다는 점은 위기다. "이민의 시대"는 그러한 위기가 더욱 증폭될 수밖에 없는 여건을 제공한다. 이민사회 미국은 타자에 대한 환대, 그리고 선주민과 이주민의 공생을 사회의 기본 원칙으로 삼아 왔지만, 트럼프 대통령의 이민정책으로 확인할 수 있듯이, 그러한 원칙은 도전받고 있다.

세계는 하나로 통합되어 있고, 앞으로도 그 추세는 더욱 강화될 것이다. 세계 각국의 이민정책 역시 수렴의 경향이 강화될 것이다. 다만, 이민정책의 수립과 집행에는 국익뿐 아니라 인도주의를 고려할 수밖에 없는 상황이 존재한다. 그것은 새로운 이민정책의 국제 레짐 내지 패러다임이 만들어지고 있음을 가리킨다. 각국 정부는 그러한 흐름을 주시하고 분석하여 정책을 수립하고 의사 결정을 내릴 필요가 있다.

난민, 정치, 사회, 국가:
호주 난민문제에 나타난 국민국가의 모순

이재현 | 아산정책연구원

장면 1　　2017년 1월 28일 말콤 턴불Malcolm Turnbull 호주 총리와 도널드 트럼프Donald Trump 미국 대통령 간 있었던 전화 통화가 양국 관계 핫 이슈로 떠올랐다. 이 통화에서 양자 간 거친 언사가 오갔다. 문제가 된 것은 오바마 정부 때 호주와 미국이 한 약속이다. 미국이 마누스Manus 섬과 나우루Nauru 섬에 있는 호주 역외 난민수용소(Offshore detention camp)에 있는 난민 중 일부를 받아들이기로 했던 약속이다. 뉴스를 접한 사람들은 트럼프의 종잡을 수 없는 행태, 아태 지역에서 가장 강력한 미국 동맹국인 호주와 미국의 향후 관계에만 관심을 두었다. 왜 나우루와 파푸아뉴기니Papua New Guinea령 마누스 섬에 호주 역외 수용소가 있는지, 왜 미국과 이런 약속을 했는지는 큰 관심사가 아니었다.

장면 2　2001년 총선을 앞둔 호주 정가에 큰 논란이 생겼다. 2001년 10월 호주 해군은 호주로 향하던 불법 난민 선박을 조사하려던 참이었다. 이때 난민들이 단속을 피하려고 어린 아이들을 바다에 던지겠다고 위협했다. 당시 호주 총리인 존 하워드John Howard는 이 이슈를 크게 부각했다. 직전에 있었던 9·11 이후 무슬림 테러에 대한 경각심이 고조된 상태에서 중동 출신 난민들에 대한 극도로 부정적 인식이 호주 사회에 확산되었다. 이보다 두어 달 전 있었던 탐파호 사건(Tampa affairs)을 겪은 호주 사회는 흔히 "칠드런 오버보드children overboard"라고 불리는 이 사건에 민감하게 반응했다.* 2001년 총선은 이 이슈를 적극적으로 부각한 자유-국민당연합(Liberal-National Coalition)의 손쉬운 승리로 끝났다. 하워드 총리는 세 번째 총리 임기를 연장했다. 호주 상원은 이 문제를 다시 조사했고 난민들이 아이들을 바다로 던지려고 했던 것은 사실이 아닌 것으로 밝혀졌다.

거의 20년 시차를 두고 발생한 이 두 사건의 공통점은 난민 문제다. 2001년 호주 집권당과 총리는 난민에 대한 불안감, 난민의 비윤리성을 극대화 했다. 실제로 난민이 아이들을 인질로 삼는 윤리적 지탄을 받아야 마땅한 행동을 했는지 당시는 크게 중요하지 않았다. 정치적 목적을 위해 난민을 악마로 만드는(demonising) 주장에 유권자가 동조했다. 이후 호주 정부는 호주로 향하는 불법 난민을 아예 호주 땅에 발조차 들여놓지 못하게 하는 정책을 내놓았다. 그 결과가

---

* 탐파호 사건은 2001년 8월 호주 근처를 항해하던 노르웨이 국적의 상선인 탐파호가 아프가니스탄 출신 난민들이 탄 배에서 난민을 구조해 호주에 난민 수용을 요청했던 일로, 호주 정부는 이 난민 수용을 거부했다. 이로 인해 노르웨이와 호주 정부 사이 긴장 관계가 형성된 바 있다.

역외 수용소다. 오바마 정부 시기 미국 피봇 정책에 호주가 적극 협조하고 대신 역외 난민 수용소에 있는 난민을 미국이 받아 주기로 한 거래가 있었다. 이러한 문제적 상황에도 불구하고 이민자로 형성된 호주 사회가 특별히 난민에 가혹한 것은 아니다. 전세계적인 수준에 비추어 볼 때 호주는 난민, 이민자에 비교적 관대한 편이다. 난민 수용 측면에서 호주보다 훨씬 뒤떨어진 국가는 한국을 포함해 지구상에 많다.

난민들은 자국 내 정치적 박해, 생존에 대한 위협을 피해 어쩔 수 없이 그 사회를 탈출해야 했던 사람들이다. 난민에 대한 인도적 손길을 내밀어야 한다는 주장은 도덕적으로 매우 정당하다. 반면 현실 정치에서 내가 낸 세금으로 우리 사회 구성원도 아닌, 잠재적 테러리스트라는 딱지가 붙은 난민들을 지원할 수 없다는 주장을 완전히 묵살하기도 쉽지 않다. 안타깝기는 해도 난민 수용으로 초래되는 우리 사회의 잠재적 불안정은 반갑지 않다는 주장도 있다. 딜레마다. 지금 현실 정치는 이 두 입장 사이 타협점을 찾지 못하고 있다. 타협점을 찾기는커녕 오히려 이를 정치적 목적을 위해 악용하기까지 한다. 정치만의 문제도 아니다. 정치는 그 정치가 행해지는 사회를 필연적으로 반영한다.

이 두 장면의 바탕에는 근본적으로 해결되지 않는 국민국가 체제의 모순이 있다. 자신이 선택하지 않은 특정 국민국가 구성원으로 태어난 어떤 사람들은 목숨을 걸고 그 국가를 탈출해야만 했다. 탈출해서도 앞날이 보이지 않고 생명의 위협을 받는 난민이 되어 떠돌고 있다. 자신이 선택하지 않은 다른 국민국가의 구성원으로 태어난 어떤 사람들은 그 사회 구성원으로 자신이 누리는 안전과 풍요를 타고난 권리로 여긴다. 그리고 이를 지키기 위해 안간힘을 쓴다. 범죄와 테러리즘의 굴레를 난민들에게 덮어씌우기에 주저하지 않는다. 누가 인위적으로 만들어진 개념인 국민국가 단위에 같은 인간을 차별할 수 있는 권위를 부여했는지 묻지 않을 수 없다.

유럽의 신념과 가치를 뒤흔드는 난민 문제

인남식 | 국립외교원

2년 전, 자는 듯이 터키 바닷가에 엎드려 있던 세 살배기 아일란 쿠르디의 시신을 담은 사진 한 장이 세계를 울렸다. 국제사회는 더 이상 난민 문제를 가만히 지켜만 볼 수 없다며 팔을 걷어붙일 기세였다. 유럽연합은 난민 12만 명을 분산해서 받아들이겠노라 공언했었고 동유럽 일부 국가에서도 전향적으로 검토하는 모습을 보였다. 미국도 1만 명의 시리아 난민을 받겠다고 약속했다. 그러나 거기까지였다. 난민 수용에 대한 부정적 목소리가 유럽 각국에서 확산되면서 제동이 걸렸다.

경제적 부담의 증가가 직접적 원인이었다. 독일이 계획대로 난민을 확대 수용하면 매년 20조 원 가량이 든다. 형편이 가장 나은 독일도 결국 경제 부담에 대한 여론을 못 이기고 난민 전면 수용 정책을 선별 제한 수용으로 바꾸었다. 다른 나라들은 말할 것도 없다. 경제

부담과 더불어 테러 위협에 대한 공포심도 중요하게 작동했다. 난민에 뒤섞여 폭력적 극단주의 테러리스트들이 유럽 본토에 들어올 수 있다는 두려움으로 인해 국경의 담은 높아졌다. 양심의 소리는 국가의 현실적인 이익과 판단 앞에서 여지없이 뒤로 밀려났다. 수많은 아일란 쿠르디들이 귀한 목숨을 계속 잃었다.

난민 문제는 단순히 특정한 이들의 불쌍하고 비참한 상황 그리고 그로 말미암은 도덕적 부채감과 불편함의 문제가 아니다. 정치적인 선택지가 주어졌음을 의미하게 되었고, 개별 국가의 이익 앞에서 보편적 가치의 문제는 부차적인 쟁점이 되었다. 이 과정에서 유럽은 인간이 쌓아온 스스로에 대한 존엄, 그 협력의 가치가 총체적으로 붕괴되는 장면을 목도하고 있다. 어쩌면 내세웠던 가치들조차도 이익의 문제를 넘어서지 못하는 가식이었는지 모른다고 좌절할지 모른다. 스스로의 민낯을 발견하면서 말이다. 유럽의 민족주의 강경 우파들은 이 점을 파고든다. 오랫동안 유럽이 공들이며 노력해왔던 신념과 가치는 허울에 불과하다며 브렉시트를 찬양하고 트럼프의 고립주의에 고무되고 있다.

난민에 관한 고민이 깊어지면서 유럽은 다음과 같은 가치 상실의 궤적을 나타내고 있다. 첫째, 통합의 목표가 희미해지고 있다. 유럽연합의 궁극적 목표는 사람과 물자의 자유로운 이동을 통해 개별 국가가 점차 희석되고 단일 정치 연합으로 가는 것이었다. 그러나 난민 유입으로 인해 함께 짊어져야 할 부담이 커지게 되고 거기에 안보 위협이 겹치자 국경을 높이기 시작했다. 극우 정파들은 이를 더 부추기고 있다. 그러나 해일처럼 밀려드는 난민, 기후변화, 테러, 자연재해,

전염병 등의 인간 안보 쟁점은 개별 국가 차원에서 막아낼 수 있는 파도가 아니다. 국경을 높이고 국제공조가 무너지면 결국 더 큰 위협에 직면하게 된다.

둘째, 권위주의 정권의 민주화에 대한 기대를 접고 있다. 2011년 아랍 정치 변동(일명 아랍의 봄)이 일어났을 때 국제사회, 특히 유럽은 중동발 민주주의에 대한 기대를 갖고 지켜보고 있었다. 권위주의 독재정치로 점철된 중동 국가들도 이제 민주주의로 전환될 것이라는 예상은 오래지 않아 빗나갔다. 정권이 교체된 아랍 공화국들은 튀니지를 제외하고는 오히려 정치 상황이 악화되었다. 특히 카다피 정권의 붕괴 이후 리비아가 끊임없는 내전으로 공권력이 사라진 실패 국가처럼 되어가면서 유럽의 좌절감은 커졌다. 서브 사하라 출신의 난민들이 리비아 해안을 발판으로 지중해를 건너 이태리 람페두사 섬으로 향하기 시작했기 때문이다. 안정된 아랍의 민주주의는 간 곳이 없고, 독재가 무너진 빈 공간에 테러리스트들과 난민들이 가득 차 버린 모습은 유럽에게는 대재앙의 전조이기도 했다. 시리아의 내전도 마찬가지 맥락으로 읽힌다. 이제 정치 발전의 순順경로로서의 민주주의에 대한 기대는 점차 사라지고 있다.

셋째, 자유주의의 이상은 사라지고 현실주의(Real Politik)의 세상이 도래하고 있음을 알려주고 있다. 특히 최근 난민 문제에 비춰보면, 인권 이슈는 국익 앞에서 부차적인 가치로 전락하는 것이 아닌가 하는 우려가 제기되고 있다. 국제정치가 냉혹한 현실주의의 장場임을 부정할 수 없지만 그간 다자기구들은 국경을 초월하여 보편적—자연법적 가치에 입각한 쟁점들을 계속 제기해왔다. 그러나 난민의 확대 유입을 둘러싼 논란으로 인해 그 명확한 한계가 드러나고 있다.

이처럼 난민 문제는 다시 20세기로 회귀하는 징후를 나타내고 있다. 통합의 의지, 민주주의에 대한 기대, 다자주의의 이상이 약화되면서 가치의 구현을 위한 국제 공조는 점차 희미해진다. 그러나 그럴수록 국제공조와 협력을 요구하는 목소리를 높일 때다. 자국 이기주의에만 매몰되면 기후변화, 자연재해, 전염병 등의 인간안보 위기가 발생할 때 일개 국가가 감당할 수 없다. 서브 사하라의 사막화를 방치하면, 결국 경지의 감소로 인해 생명의 위기에 처한 이들은 생사를 걸고 지중해를 건너려 할 것이다. 이는 기아, 질병, 재해를 통한 난민 발생과 같은 맥락이기도 하다. 그리고 무엇보다 정치 불안을 겪고 있는 국가가 온전한 민주주의로 설 수 있도록 국제사회가 더 치열하게 고민하고 힘을 모아야 한다. 제2, 제3의 시리아가 이곳저곳에서 다시 출현하지 않으리라 누가 장담할 수 있겠는가.

시리아 난민 문제의 발생과 미래 방향

이희수 | 한양대학교 문화인류학과

6년째에 접어든 시리아 내전으로 2,200만 명 시리아 인구 중에 1,300만 명가량이 난민이 되었고, 50만 명 이상의 무고한 시민들이 목숨을 잃었다. 제2차 세계대전 이후 최대의 참극이다. 내전의 배후 당사자인 미국과 러시아가 머리를 맞대고는 있지만 시리아의 바샤르 아사드 정권 측이나 자유 시리아 반군 측 모두가 생사를 건 담판이기 때문에 쉽게 절충점이 찾아질 것 같지는 않다. 양측의 오랜 역사적 원한에 더해 종파−부족−지역적 이해관계가 판이하기 때문이다.

2000년 시리아 전 대통령 하페즈 아사드가 30년의 잔혹한 독재 끝에 사망하자, 둘째 아들 바샤르가 권력을 승계했다. 그의 나이 34세, 당시 헌법상 대통령 취임 최소 연령은 40세였다. 아사드 사망 발표 후 1시간도 안 되어 시리아 의회는 대통령 취임 연령을 40세에서 34

세로 낮추는 코미디 같은 헌법 개정안을 통과시켜 오늘의 바샤르 독재정권을 창출했다. 시아파 소수종파인 12%의 알라위파가 74%에 달하는 정통 수니파 국민들을 억압하면서, 알라위가 모든 요직과 석유이권은 물론 사회적 자본을 독점하는 심각한 권력 왜곡구도가 고착화되었다. 특히 1982년에는 당시 하페즈 대통령에 대한 암살기도를 빌미로 반정부 성향의 하마Hama市를 포위한 채 3만 명을 살해하는 끔찍한 범죄를 저질렀다. 그래서 2011년 '아랍의 봄'으로 촉발된 시리아 사태는 다른 아랍 국가들과는 달리 처음부터 비무장 민주투쟁이라기 보다는 내란 성격의 무장봉기로 시작되었다. 무장봉기가 하마를 중심으로 수니파 전역으로 확산되면서 반정부 복수의 성격을 띠게 된 것이다. 시리아 내전의 본질적 성격이다.

무엇보다 시리아 사태는 잠재되었던 미－러 신냉전 구도를 재현하며 국제전의 양상으로 돌변했다. 러시아, 중국은 물론 이란, 이라크, 레바논 등 이웃 시아파 정권들이 바샤르 아사드 정권을 지지하고, 미국, EU, 사우디아라비아, 터키, 카타르 등은 반군을 지원하고 있다. 특히 러시아는 친러 성향의 시리아에 집착했다. 전통적인 반미 사회주의 국가였던 이집트, 알제리, 리비아, 이라크가 차례로 친서방으로 돌아서면서 시리아는 중동에서 사실상 러시아의 유일한 교두보 역할을 하고 있기 때문이다. 그래서 러시아는 최근 걸프 해에 주둔하는 미 5함대에 맞서 재빨리 시리아 항구에 러시아 군함을 파견하면서 미국의 독점적 중동정책을 견제해 왔다. 아랍 수니파 주류의 입장에서도 시리아는 반드시 되찾아야 할 자존심이다. 시리아는 다마스쿠스를 중심으로 최초의 아랍 중심 국가가 들어섰던 문명지대다. 역사와 언어, 예술과 문화에서 가장 순수한 수니파 아랍정신이 흐르는 본향 같은 곳이다. 그런 시리아가 오랫동안 시아파 갈래인 알라위파에 의해 지배당하고 있는 왜곡된 상황은 바로 잡아야 하는 것이다.

반면 알라위 소수 정권은 권력 유지를 위해 다수 반대파들을 잔혹하게 억누르고 박해해 왔다. 이슬람의 4대 칼리프인 알리의 후손으로 863년경에 죽은 아부 슈아비 누사이리 이맘을 추종한다고 해서 누사이리파라고도 불리는 알라위들은 오랜 이슬람 역사에서 소수파로 극심한 차별과 박해를 받으면서 전 세계로 흩어져 생존해 왔다. 한때 알라위들이 새로운 삶의 터전을 찾아 멀리 신라에까지 와서 정착해 살았다는 아랍 문헌의 기록이 있을 정도였다. 그런 알라위가 유일하게 권력을 잡은 시리아를 쉽게 수니파에게 내어주지 않을 것이다.

그 와중에 시리아 난민들만 고통받고 있다. 난민들의 90%는 이웃 아랍 국가들이 떠안고 있다, 유엔 난민 고등판무관의 보고서에 따르면 시리아와 국경을 맞대고 있는 북쪽의 터키에 300만 명, 서쪽 레바논에 100만 명(자국인구 25%), 남쪽 요르단에 200만 명(자국인구 90%) 정도의 시리아 난민들이 피난생활을 하고 있는 것으로 알려지고 있다. 이에 비하면 유럽은 겨우 100만 명 정도를 받아들이고 난민들의 유럽 유입을 막기 위해 고심하고 있다. 대안으로 터키와 요르단 등에 난민 머리수를 계산하여 이에 상응하는 경제적 지원을 하고 있는 실정이다.

그렇기 때문에 시리아 난민문제는 국제적 이슈이고 특히 서방이 함께 책임져야 할 사안이다. 아사드 정권의 배후에 러시아가 등장하자, 중동의 독점적 석유이익을 양보할 생각이 전혀 없는 미국이 EU

와 이웃 수니파 국가들을 끌어들이면서 내전은 걷잡을 수 없는 확전으로 치달았다.

심지어 반군 군사조직의 핵심인 ISIL(Islamic State of Iraq and the Levant)까지 서방이 지원하면서 인류사회가 전대미문의 테러공포에 휩싸이게 되는 하나의 원인을 제공하기도 했다. 원래 알카에다의 이라크 지부였던 ISIL은 이라크 혼란과 시리아 내전을 틈타 시리아 반군에 가담하였고, 반군을 지원하는 서구의 첨단 군사무기와 경제 지원을 통해 그 존재감을 키워나갈 수 있었다. 국제정치의 지저분한 딜레마이다. 그 후 ISIL이 2014년 Islamic State(IS)라는 국가를 선포하고 파리테러와 무고한 민간인을 무차별 살상하는 잔혹한 테러를 일삼아도 국제사회는 이를 적극적으로 궤멸하는 지상군 파견 대신 공중 공습을 통해 테러활동을 억제하는 정책을 선호했다. 당장 ISIL이 궤멸되면 반군핵심 전력이 약화되어 아사드에게 힘을 실어 줄 수 있기 때문이었다. 시리아 쿠르드 민병대를 지원하고 이라크 정부군을 양성하면서 시간 벌기 작전을 펼친 것이다. 그동안 시리아 국민들은 더욱 고통스러운 상황에 놓여 정부군과 반군 양쪽이 퍼붓는 무차별 공격에 무방비로 노출되면서 많은 인명 피해와 삶의 기반이 초토화되는 고통을 겪고 있는 것이다. 서구가 시리아 난민 문제로부터 결코 자유로울 수 없는 이유이고 시리아 문제를 지구촌 전체의 아젠다로 함께 고민해야 할 이유다.

최근 ISIL 궤멸 이후 아사드 정권이 다시 힘을 얻으면서 시리아에서는 정부군과 반군, 쿠르드 지역 사이의 권력 분배, 경제적 이권 배분을 통한 지역적 분할, 이를 토대로 하는 연방합의안이 급물살을 타고 있다. 어떤 형태의 정치체제로 재편되더라도 난민들의 귀환과 정상적인 삶의 회복만큼 절실한 과제는 없을 것이다.

정치적 무관심과 아프리카의 난민들

송영훈 | 강원대학교 정치외교학과

 시리아 난민위기와 유럽으로의 대규모 난민유입은 국제사회의 관심을 받고 있지만, 2백만 명이 넘는 남수단을 비롯한 사하라 이남 아프리카 국가(이하 아프리카)들에서 발생하는 난민위기는 무관심 속에 있다. 유럽의 난민위기로 인해 난민의 유입이 국내 안보와 지역 안보에 중요한 현상이라고 인식되는 와중에, 지금의 남수단 난민들의 이동은 왜 중요한 문제가 되지 않는가? 남수단 난민들이 심각한 인도적 위기에 처해있고 이들로 인해 발생하는 정치적 문제에 대해서 국제사회는 관심을 가져야 한다.

 유엔난민기구의 자료에 의하면 내전이 장기화되면서 남수단을 떠난 난민과 비호신청자들은 2017년 12월 11일 기준 약 240만 명이 넘으며 이들 대부분은 국경을 맞대고 있는 나라에 체류하고 있다. 우간다에 100만 명 이상이 체류하고 있고, 수단에는 75만 명 이상, 에티오피아에 40만 명 이상, 케냐에 약 11만 명, 중앙아프리카공화국과 콩고민주공화국에 각각 10만 명 가까이에 이르는 난민들이 심각한 위기 상황에 처해 있다. 이들에게 필요한 지원을 충당하기 위하여 2017년 10월 유엔난민기구는 약 8억 8350만 달러 이상이 필요하다고 호소하였지만 겨우 32%만이 조성되어 제공되었다.

남수단에서 발생하는 난민의 대부분은 여성과 18세 미만 청소년 또는 아동이기 때문에 이들의 인도적 위기는 더욱 심각한 상황이다. 이들은 주변의 폭력적 환경으로 인해 성적학대 또는 노예노동, 비자발적 군사작전에 동원되는 위협에 노출되어 있으며, 식량 부족 및 보건서비스의 부족으로 인해 생존 위협에 매우 취약하다. 대부분의 아이들이 어머니와 함께 난민캠프에 도착하고 있지만, 부모 없이 난민캠프에 찾아오는 아이들의 수가 급증하고 있어 남수단의 내전이 끝나더라도 또 다른 사회적 위기를 초래할 가능성이 높다.

남수단의 경우처럼 (사하라 이남) 아프리카 국가에서 발생하는 난민 위기는 유럽, 중동, 북아프리카에서 벌어지는 것과는 다른 특징을 보인다. 첫째, 1990년대 중반 이후 난민들의 이동은 대부분 국경 인근 국가로 제한된다. 냉전 시기와 1990년대 초반까지는 서구세계가 아프리카 난민들을 수용하는 데 적극적으로 나섰기에 이들은 유럽을 비롯한 전 세계로 이동할 수 있었다. 그런데 1990년대 중후반 유럽에서 난민위기가 발생한 이후 유럽 국가들은 아프리카 난민들을 자국에 수용하기보다 주변국에 캠프를 설치하고 그 안에 머무르게 하는 정책을 펼쳤다. 장거리를 이동할 수 있는 자원이 부족한 아프리카 난민들은 외부의 도움 없이 유럽으로 향할 수 있는 이동성이 떨어질 수밖에 없는 것이다.

둘째, 아프리카 난민위기 상황에 대응하여 난민 수용 국가들은 정치적 관심을 보이는 데 둔감하다. 유럽의 경우 중동과 북아프리카로부터 유입되는 난민들로 인해 이 지역의 지정학이 달라지는 현상이 나타났다. 스페인, 그리스, 이탈리아, 터키 등 난민이 처음으로 도착하는 국가들과 그렇지 않은 국가들 사이에서 난민의 유입을 바라보는 시각이 크게 달랐다. 그리고 이러한 차이에 의해 발생하는 정치적 갈등을 해결하기 위해 Global Compact on Migration에 합의하는 등 공동의 노력을 기울이기도 했다. 그런데 아프리카 국가들의 경우, 도시와는 거리가 먼 국경지역에 난민 캠프를 운영하기 때문에 평상시에는 난민들을 정치적 관심의 대상으로 인식하지 않는다. 따라서 유럽 국가들과는 달리 아프리카의 난민위기를 목도하는 주변 국가들이 공동으로 적극적인 대응을 하는 경우가 매우 드물다. 남수단의 경우처럼 난민위기 그 자체만으로는 아프리카 국가들의 지정학적 이해관계가 크게 바뀌지 않기 때문이다.

셋째, 아프리카 국가의 경우에는 국내정치적 수요에 의해 난민들을 안보의 위협요인으로 단순 이미지화하는 안보화(securitization)의 문제가 자주 발생한다. 남수단 난민들의 경우, 주변국 정부는 이들이 도시로 유입되는 것을 적극적으로 통제하고 있다. 국제테러조직과의 연계 가능성에 대한 우려를 구실 삼아 난민들의 이동을 제한하는 것이다. 실제 2017년에 에티오피아에서 남수단 난민의 유입 관련 네 차례의 큰 폭력사태가 발생했다. 이후 에티오피아 정부는 난민통제에 더욱 적극적으로 나서는 동시에 난민수용에 소극적인 태도를 보이고 있다. 2013년 9월 케냐 수도 나이로비의 웨스트게이트 쇼핑몰에서 발생한 테러사건은 케냐 정부로 하여금 도시에서 소말리아 난민을 캠프로 쫓아내고, 결국에는 난민캠프 폐쇄를 시도하는 계기를 제공하기도 하였다.

넷째, 아프리카 난민위기의 진정한 해결을 위해서는 인도적 지원과 개발협력의 연계가 필요하다. 난민들 개인의 문제는 분명 인도적 사안임에 분명하다. 그런데 난민의 발생과 이동으로 인해 생겨나는 많은 사안들은 다양한 사회경제적 주체들이 관련되는 문제이기도 하다. 예를 들어, 남수단 난민들의 60~70%가 여성과 어린이들이며 이 취약계층의 난민생활이 4년 이상 지속되고 있다는 사실은 단순한 인도적 지원만으로는 충분하지 않다는 것을 의미한다. 아이들이 안전하게 교육을 받을 수 있어야 여성들이 직업교육에 집중하고 경제활동을 할 수 있다. 난민캠프의 존재가 지역사회의 발전에 기여할 수 있도록 공동마켓 등을 함께 개발하기 위한 노력이 있어야 난민과 지역주민들과의 갈등을 완화시킬 수 있다. 아프리카에서 난민위기가 장기화되면서 인도적 지원과 개발협력의 두 분야를 긴밀히 연계하는 해결전략이 요구되고 있는 것이다.

난민들은 여러 곳에서 계속 발생하고 있지만, 국제사회는 그들에 대해 선택적으로 관심을 기울이고 있다. 특히 유럽에서의 난민위기에 비해 국제사회는 아프리카의 난민위기를 홀대하고 있다. 심지어 아프리카 역내의 국가들도 자신들의 문제에 선택적 관심을 보인다. 예를 들어, 지역적 차원의 세력균형(에티오피아와 우간다, 이집트간의 경쟁관계, 수단과 우간다의 역사적 반목) 문제와 결부되어 남수단의 안정을 위한 정책 등에 대한 서로 다른 복잡한 시각들이 난민에 대한 정치적 무관심을 강화시키는 요인으로 작용하고 있다.

국제사회의 선택적 무관심은 난민들의 삶을 더욱 어렵게 만든다. 미국이 글로벌 컴팩트에 더 이상 참여하지 않을 것이라고 선언했고, 유럽을 비롯한 서구 국가들은 난민수용 쿼터 적용에도 소극적이다. 그들은 그저 "Enough is enough," 더 이상은 안 된다고 말하기만 한다. 그러나 난민들의 인도적 위기를 해결하기 위해서는 인도적 수단만이 아니라 보다 적극적인 정치적 결단이 필요하다. 더 늦기 전에 남수단처럼 장기화된 아프리카 내전의 종식을 추구하고, 난민들의 개인적, 사회적 복원력(resilience) 회복을 위한 국제사회의 집단적 노력이 절실히 요구되는 시점이다.

한국의 난민 상황과 난민수용 정책방향

이호택 | 사단법인 피난처 대표

난민의 시대라 할 수 있을 만큼 국내외적으로 난민이 급증하고 있다. 2011년 2,590만 명이던 세계난민은 2016년 그 2.5배인 6,560만 명이 되었고, 2011년부터 한 해 1,000명을 넘기 시작한 국내 난민신청자수도 2016년 7,541명, 올해는 11월까지 8,575명으로 해마다 급격히 증가하여 누적 신청자 수가 31,366명이 되었다. 난민은 전쟁이나 박해와 같은 비자발적 사유로 타국에 피난한 강제적 이주자들이다. 흔히 난민은 가난한 사람들이라거나, 불법으로 체류하면서 납세 없이 선진국의 복지혜택을 누리는 무임승차자들, 또는 잠재적 테러리스트나 범죄도피자 등 위험한 사람들로 오해되고 있다. 또한 난민의 처우를 개선하면 난민이 대량 유입되어 귀국하지 아니하고 정주하려 하며, 나아가 취업을 허용하면 국민의 일자리를 빼앗아갈 것으로 우려되고 있다.

한국은 2013년 7월 1일 발효된 아시아 최초의 독립난민법과 2015년부터 3년간 실시된 재정착난민수용 시범사업의 성공적 수행을 통해 난민수용 모범사례로 국제사회의 주목을 받은 바 있다. 난민법제 정을 통하여 공항만난민신청제도 및 기타 난민인정에 관한 여러 절 차규정들이 마련되었고, 난민인정자, 인도적 체류자, 난민신청자의 체류, 생계, 취업 등에 관한 처우규정이 마련되어 난민의 권리보장이 강화되었다. 또한 난민신청서가 제출되기만 하면 난민인정여부에 관한 결정이 대법원에서 확정될 때까지 대한민국에 체류하고 생계 지원과 취업허가가 가능한 난민신청자의 지위가 부여된다. 그러나 사실상 외국인의 난민신청에는 아무런 조건, 기한, 횟수의 제한이 없 는 까닭에 절차가 종결되어도 신청을 반복하면 무한정 체류할 수 있 는 제도적 허점이 존재한다. 이에 난민제도를 입국이나 체류의 방편 으로 악용하는 외국인들이 증가하면서 난민제도에 대한 비판도 고 조되고 있다. 한편 한국의 난민인정률(4.2%)이 유럽(33%)은 물론 전 세계 평균(27%)에 현저히 미치지 못하는 것은 우리사회가 가진 난민 에 대한 경계심의 수준을 잘 보여주고 있기도 하다.

아직 대부분의 국민들이 난민의 존재에 대하여 잘 알고 있지 못하지 만, 난민들은 우리 곁에 가까이 왔고, 이제 우리는 진지한 논의와 결정 앞에 서게 되었다. 난민을 수용할 것인가, 배척할 것인가. 난민배척은 가능할까. 난민수용은 반드시 부담이라 할 수 있을까.

전 지구적으로 일어나고 있는 분쟁과 함께 전례 없는 난민발생은 이미 멈출 수 없는 시대적 흐름이고 난민보호는 국제사회의 의무이 다. 난민의 국내유입을 전적으로 차단하는 것은 불가능한 일이다. 난 민의 발생 및 귀환을 결정하는 요인은 궁극적으로 난민수용국이 아 니라 난민발생국의 위험에 기반한다. 따라서 난민을 수용하고 처우를 개선한다고 하여 난민이 갑자기 폭증하는 것은 아니며, 그들을 수용하지 않고 본국으로 돌아가도록 무조건 압박한다고 하여 그들이 쉽게 돌아갈 수 있는 것도 아니다. 오히려 난민들에게는 수용국의 국민들이 가질 수 없는 고유의 언어, 지식, 문화, 재능이 있다. 이를 활용하여 일자리를 창출하면 난민들에게 취업을 허용하더라도 반드시 내국인들의 일자리를 빼앗아가는 것도 아니다.

우리사회는 앞으로 난민들이 가진 언어능력, 해외시장에 대한 지식, 노동시장의 개혁성 및 생산성, 문화간 대화능력 등에 주목해야 한다. 난민수용을 통한 문화적 다양성과 풍요의 가능성은 그들이 단순한 부담이 아니라 수용국 사회에 축복을 가져다주는 문화적 자산이 될 수 있음을 보여준다. 다만, 다문화사회 경험이 부족한 우리사회에서 충분한 사회적 합의와 사회통합의 경험 없이 난민이 급격하게 유입되는 경우 근거 없는 공포가 확산될 우려가 있다. 또한 사회통합의 의향이 없는 난민들이 우리사회에 들어와 게토화된 채로 난민수용이 진행될 경우 사회적 불안요인이 될 수 있다. 우리사회에 지속적으로 들어올 난민들과 함께 적극적 통합의 경험을 축적하면서 신중하게 난민을 받아들일 준비와 지혜가 절실한 때이다.

III. 탈북민

"탈북민, 편견과 관심의 사이에서"

'책임규명'(accountability)과 북한인권

김수암 | 통일연구원 선임연구위원

열악한 북한인권문제는 통일의 당사자인 한반도 문제를 넘어 지속적으로 국제적 관심사로 부각되고 있다. 유엔 인권이사회(구 인권위원회)와 총회는 북한인권결의를 채택하여 북한당국으로 하여금 인권 친화적 정책으로 전환하도록 압박하여 왔다.

그렇지만 북한은 유엔의 북한인권결의에 대해 정치적 음모로 규정하면서 전면 거부하는 일관된 입장을 견지하였다. 국제사회는 북한의 태도 변화를 이끌어내기 위한 새로운 방식을 모색하게 되었다. 북한 내에서 인권유린 현상이 근절되지 않는 핵심요인의 하나로 '비처벌'(impunity) 관행에 주목하였다. 그러한 인식은 2013년 유엔 인권이사회 북한인권결의에 기반하여 북한인권조사위원회(Commission of Inquiry)가 설립되는 결과로 이어졌다.

2014년 조사위원회가 북한 내 조직적이고 광범위하며 중대한 인권침해 행위가 국제법상 인도에 반한 죄(crimes against humanity)를 구성한다고 판단하면서 북한인권 개선을 위한 압박전략의 축이 '책임규명'(accountability)으로 전환되었다. 조사위원회의 권고에 따라 유엔 총회와 인권이사회에서 채택된 북한인권결의는 안전보장이사회로 하여금 북한인권상황을 국제형사재판소(ICC)에 회부하도록 권고하는 내용을 포함하고 있다. 유엔 인권이사회의 북한인권결의에 근거하여, 2016년 9월 '책임규명 독립전문가 그룹'(independent expert group on accountability)이 북한 내 인권 침해에 대한 '책임규명'을 수행할 적절한 접근방안을 검토하기 위해 6개월 한시적으로 활동하였다.

북한은 국제형사재판소 회부 권고에 민감하게 반응하면서 강력하게 반발하고 있다. 그렇지만 북한당국이 책임규명 방식의 압박에 대해 부담을 느끼고 있는 것도 사실이다. 여전히 미흡하긴 하나 북한은 인권유린국의 이미지에서 벗어나려고 인권분야에서 국제사회와의 협력에 나서고 있다. 북한의 이러한 태도에 비추어 볼 때, 책임규명 방식의 접근이 인권문제에 대한 북한당국의 대응방식을 변화시키는 데 어느 정도 효과를 거두고 있는 것도 사실이다.

북한은 2014년 5월 2차 UPR(Universal Periodic Review) 상호대화에서 도출된 268개 권고안 중 113개의 권고안에 대해 수용 의사를 표명하였다. 북한은 2016년 여성차별철폐협약과 아동권리협약에 따른 국가보고서를 제출하고 2017년에는 대표단을 파견하여 심의를 받았다. 2016년에는 장애인권리협약을 비준하였다. 그리고 2017년 5월에는 북한의 초청을 받고 주제별 특별절차(thematic special procedures) 중 하나로서 장애인특별보고관이 북한을 방문하였다. 유엔의 특별절차 보고관이 북한을 방문한 첫 사례이다. 유엔과 북한 외무성 국가 조정위원회가 서명한 'Strategy Framework 2017~2021'에서 북한 당국은 프로그램 전반에 걸쳐 사람을 중심에 두는 '인권에 기반한 접근'(Human Rights – Based Approach: HRBA)을 적용하는 개발협력 방식을 수용하였다.

북한 내에서 역량이 구축되고 여건이 형성될 때 북한인권문제는 해결의 길로 접어들 수 있다. 우리는 북한주민들의 인권을 존중(respect)·보호(protect)·실현(fulfil)할 국가의무에 대해 북한당국이 자각해나갈 수 있는 여건 마련에 조금 더 관심을 기울여야 한다. 북한의 여전한 반발을 감안하면 책임규명 중심의 압박만으로 북한당국의 태도 변화를 이끌어내는 데에는 근본적 한계가 있다. 책임규명 방식의 압박은 지속하되, 인권분야에서 북한당국과의 관계를 더욱 확대해나가야 한다. 상호대화 및 권고(UPR), 북한이 당사국인 5개 국제인권조약을 관할하는 기구, 주제별 특별절차 등 다양한 유엔 인권 메커니즘을 통한 협력이 확장될 수 있도록 해야 한다. 이를 위해 북한당국이 전향적인 태도를 보이고 있는 여성, 아동, 장애인 분야에서부터 협력 강화 방안을 모색해 나갈 수 있을 것이다.

탈북민과 '다양한 우리' 찾기:
"사람만이 희망이다"

윤철기 | 서울교육대학교 윤리교육과

북한체제는 권력자원을 총동원해서 체제를 결속시키려 했다. 하지만 언제부턴가 균열이 생기기 시작했다. 북한의 정치권력은 전체주의적 지배를 실현할 욕망을 가지고 있을지 모른다. 하지만 그 욕망을 실현할 수 있을 만큼 충분한 능력을 가지지 못했다. 한국사회는 오랫동안 북한에도 '사회'가 존재하는가에 대한 물음을 던져왔고, 지금도 많은 전문가들과 시민들이 그 의심을 버리지 않았다. 하지만 탈북민들은 북한사회가 존재한다는 점을 몸소 보여주었다. 북한사회가 정치의 요구와 다른 목소리를 이 정도라도 낼 수 있게 된 이유는 경제위기 때문이다. '고난의 행군'으로 일컬어지는 1990년대 경제난과 식량난으로 북한사회에서 인민이라고 불리는 사람들은 자신이 살던 터전을 떠나기 시작했다. 그리고 경제위기가 일정 정도 극복되고 시장화가 확산되는 과정에서도 탈북은 지속되고 있다. 현재 약 3만 2천명에 가까운 수의 탈북민들이 한국사회에서 살아가고 있다.

한국사회는 탈북민을 '먼저 온 통일'이라고 규정하고 있다. 하지만 그러한 호명에 어울리지 않게 탈북민을 우리의 일원으로 받아들이고 있다고 보기 힘든 일들이 발생하고 있다. 탈북민은 분명 대한민국의 시민권자이지만 현실에서는 소외받는 일이 비일비재하다. 탈북민들에 대한 호기심 덕택에 TV 프로그램까지 생겨났지만 정작 한국 시민들 가운데 탈북민들의 한국 생활에 대해서 심각하게 고민하는 사람들은 많지 않다. 아직까지도 많은 남한 사람들은 여전히 탈북민을 만나 직접 이야기를 나누어보지 못했다. 반면 탈북민들은 한국에 입국하는 순간부터 남한 사람들을 만나게 된다. 하나원 생활을 마치고 지역에 배치를 받아 생활을 시작하면서부터 남한 사람들과의 관계가 본격적으로 시작된다. 하지만 탈북민들은 남한 사람과의 관계에서 때때로 문제의식을 갖게 된다.

탈북민들은 일상생활에서 남한 사람들을 고용주나 직장의 동료로 만나게 된다. 그러나 탈북민들 가운데 일부 사람들은 한국사회에서 소외받고 배제되고 있다고 느끼고 있다. 탈북민에게 한국 노동시장의 문턱은 높다. 탈북민들은 일자리를 찾기 시작하면서부터 어려움을 체감하기 시작한다. 하지만 설령 탈북민이 어렵게 취업에 성공하더라도 노동현장에서 차별을 받는 일이 비일비재하다. 탈북민들 가운데 상당수는 단순 노무직에 종사하고, 임금이나 근로여건의 측면에서 열악한 곳이 적지 않다. 탈북민의 상당수는 최저시급을 받고 살아간다. 근로계약서를 제대로 쓰지 않거나 임금과 휴가 등에서 차별을 받는 경우가 적지 않다. 야근이나 특근을 해도 적절한 보상을 받지 못하거나 휴가를 쓰지 못하는 경우도 있다. 또 임금 체불로 고통 받고 있는 탈북민들도 있다.

그런데 탈북민들은 이러한 문제보다는 남한사람들과의 관계에서 더 큰 상처를 받는다고 답변한다. 인천시 남동구에 거주하는 탈북민들에게 직장에서 무엇이 가장 큰 문제인가라고 물었더니, 대부분 남한 사람들이 자신(탈북민)을 "헐하게 보는 것 같다"고 답변했다. 이는 "얕잡아 본다," "무시한다," "우습게 본다"는 정도의 의미로 해석할 수 있다. 탈북민들은 왜 이러한 느낌을 받게 되었을까? 그들은 취업하기 위한 면접에서부터 불이익을 받는 경험을 했다. 그리고 노동현장에서 남한 사람들이 힘들고, 어렵고, 더럽다고 하지 않는 일들을 탈북민들에게는 아무렇지도 않게 시키는 모습을 본다. 근로계약서를 작성하는 법을 하나원에서 이미 배워서 잘 알고 있지만, 어렵게 취업한 회사에서 사장과 마찰을 빚기 싫어 근로계약서 작성마저도 포기한 경험도 있다. 탈북민들은 같은 직장 동료들에게 마저도 섭섭함을 종종 느낀다. 탈북민들은 작업현장에서 사용하는 외래어나 외국어가 생소할 때, 다른 동료들에게 미안해서 묻지 못하는 일도 경험한다. 사장과 동료들이 처음부터 상세히 설명해주었으면 하고 바라지만 작업장은 그런 설명을 할 사이도 없이 바쁘게만 돌아간다.

탈북민 가운데 상당수는 한국사회가 북한사회보다 나은 점으로 "열심히 일한 만큼 보상이 있다"는 점을 꼽는다. 하지만 한국사회가 북한사회보다 낫다고 해서 문제가 없는 것일까. 1997년 금융위기 이후 신자유주의적 구조개혁이 확산되면서 실업과 비정규직은 확대되었고, 결과적으로 소득불평등은 악화되었다. 경제적 불평등은 젠더, 교육, 주거, 환경 등 다양한 분야의 격차로 이어졌다. 경제사회적 구조의 변화는 탈북민을 비롯한 이주노동자, 여성, 노인, 장애인 등 사회적 약자들에게 더 큰 타격을 주었다. 그리고 신자유주의의 구조적 문제는 불평등과 부정의의 문제를 악화시켰다. 한국사회는 '우리'와 '그들'로 양분되고, 둘 사이에 불필요한 오해, 불신, 반목이 실재한다. 하지만 우리라고 생각하는 이들도 일방적으로 가해자라고 취급하기 힘든 측면이 있다. 일자리의 부족과 소득 불평등을 시작으로 발생한 다중격차로 인해서 대다수가 고통 받고 있기는 마찬가지이다. 그러나 갈등은 구조와 사람 간에는 좀처럼 발생하지 않는다. 물론 문제를 근본적으로 해결하기 위해서는 구조가 바뀌어야겠지만, 대부분의 갈등은 결국 사람들 사이에 발생한다. 또한 피해자들은 구조가 아니라 사람에게 상처를 받는다.

탈북민들의 상처를 치유하기 위해서는 부당한 차별과 불평등을 극복하고 사회정의가 실현되도록 노력해야 한다. 사회정의가 실현되기 위해서는 한국사회의 근본적 개혁이 필요하지만, 구조를 개혁하고 사회정의를 실현할 수 있는 것 또한 결국 사람이다. 설령 구조가 개혁된다고 해도 구조가 사람들의 마음의 상처까지 치유하지는 못한다. 탈북민들을 이해하려고 노력하고 우리의 일원으로 받아들이는 일이 먼저이다. 대한민국이란 공동체는 하나이지만 그 안에는 '다양한 우리'가 존재한다. 누군가를 차별하고 무시했다면, 그것이 잘못된 태도인 것을 우리는 이미 잘 알고 있다. 구조를 개혁하는 데에는 오랜 시간이 걸리겠지만, 대한민국이란 공동체 안에 다양한 우리가 존재한다는 엄연한 사실을 인정하는 일에는 그리 오랜 준비와 시간이 필요 없을 것이다. '깨달음'과 '반성적 실천'이 필요할 뿐이다. 사람으로부터 받은 상처는 결국 사람이 치유해야 한다. "사람만이 희망이다."

탈세속화, 탈다문화 유럽의 탈북민들

정진헌 | 베를린 자유대학교 한국학과

유럽 사회에 들어온 탈북민들은 여전히 잘 보이지 않는다. 영국에 칠백여 명, 특히 한인타운이라 불리는 뉴몰든에 삼백여 명이 밀집해 지낸다고 하는데, 런던 난민 — 이주민 규모에 비하면 여전히 수적으로 적다. 독일에서는 슈투트가르트 지역에 있는 난민캠프에 수십여 명이 거주하거나 또 어디론가 떠나고, 네덜란드 난민캠프에서는 발을 들여 놓았다가 다시 내쳐지기 일쑤이기도 하다. 반면, 몇몇 영어권 대중매체나 시민단체 웹사이트에 탈북민들이 소개되곤 했다. 그러나 대개는 그들 취향에 적합한 북한 인권 문제를 다루기 위한 매개로 등장한다. 남한 관련 매체와 연구물에서는 이들의 현지 적응 과정에서의 상대적 만족도가 소개되면서 남한 사회의 편협성을 성찰하게끔 한다. 다시 말해, 탈북민들은 "북한"이라는 시장성에 기대어 부각되는 편이긴 하나, 그들의 미시적 생활과 정착 과정에 대한 유럽의 맥락을 반영한 이해가 아직은 부족하지 않나 싶다.

유럽에 온 탈북민들은 크게 두 부류로 나뉘어진다. 가장 큰 부류는, 한국을 거쳐 온 재난민 신청 개인들이다. 그리고 아주 소수의 탈북민들이 장기간의 중국 체류 후 유럽으로 바로 온 경우이다. 전자에 속한 탈북민들이 미국의 2004년 북한난민보호특별법 발효 직후 몇 년간 아예 유럽을 목적지로 작정하고 온 경우라면, 후자에 속한 분들은 중국 브로커를 통해 비행기 타고 내렸더니 유럽이었다는 경우가 적지 않다. 물론, 초기 북한난민으로 인정된 분들 중에는 조선족들도 다수 포함된다. 그러나, 어림잡아 2013년경부터는 유럽 각국의 북한난민 인정률이 매우 낮으며, 이미 와있는 신청자들에게도 한국으로의 재이주를 종용하고 있다. 그런 와중에도 여하튼 수백 명 이상의 탈북민들이 유럽 몇몇 나라에 정착하고 있고, 또 몇 명인지 모를 분들이 이 나라 저 나라의 난민 캠프를 전전하며 문을 두드리고 있다.

군이 한국에서의 삶을 마다하고 낯선 유럽까지 오게 된 이유를 구어체로 쓰면, "한국서 차별 받느니, 차라리 낯선 땅에서 차별 받는 게 덜 억울하"기 때문이라고 한다. 영어권으로의 이주는 자녀들의 미래를 위한 교육 이주이기도 하다. 언어와 제도 탓에 정착이 까다로운 독일로 온 탈북민들은, 대개는 다시 한국으로 가거나 다른 영어권으로 재이주를 시도하지만, 몇몇은 북한에서도 좋은 이미지로 그려진 독일 사회에 제법 매력을 느끼고 있기도 하다. 지난 2년여 동안 직접적인 만남과 통신 매체를 통해 계속해서 소통하고 있는 독일 남부에 정착한 '순수' 탈북민 가족의 사례, 그리고 얼마 전 무작정 국제전화를 걸어 거의 이십여 년 만에 목소리로 재회한 영국의 탈북민 단체 대표와의 대화를 통해 본다면, 아직 소수에 불과한 유럽의 탈북민 공동체가 이미 유럽의 초다양성(super diversity) 현상을 대변하는 것은 물론이거니와, 지역별 특성을 고스란히 보여주고 있다.

우선 영국의 탈북민 공동체는 영국 주류 사회로의 편입이나 교류보다는, 남한 이주민, 조선족까지 포함한 한인 공동체의 한 축으로 정착하고 있다. 이들은 영국 주류 사회 관점에서 보면 작게는 한인(Korean), 크게는 아시안이라고 통칭되기 때문에 북한 출신이라는 특별한 "오명(stigma)"으로부터 상대적으로 자유롭다. 남한출신 이주민들과의 관계도 주류 사회에 대한 소수자(minority) 정체성을 공유하며 서로 교류하고, 경제생활 차원에서 의지하는 경향이 있다. 다만, 탈북민들과 조선족 사이는 상대적으로 불편한 사례가 간혹 발생하기도 한다. 그러나 전반적으로 탈북민의 증가는 통칭 한인공동체 내부에 내적 다양성과 역동성을 불어넣어, 영국 런던의 초다양성 문화 현상에 기여한다고 할 수 있다.

반면, 장기간의 중국 체류를 거쳐 독일에 현재 약 5년 정도 정착하고 있는 가족의 경우에는 선정착한 한인들과 관계가 그리 긴밀하지 못하다. 한인 공동체 규모도 작지만, 일찍이 간호사나 광부 등 노동 인력으로 오셨던 분들이 1세대를 구성하면서 영국에 비해 경제 규모가 크지 않은 탓도 있다. 여기에 덧붙여 생활방식 면에서 독일식 검소함과 절제 그리고 다소 덜 친절한 태도 등에 익숙해진 재독 한인들의 인간관계 형성 방식도 때로 도움이 필요한 탈북민들에게는 차갑게 느껴지기도 한다. 따라서 이들은 독일 사회 정착 과정에서 지방 정부의 난민 복지 시스템, 적십자나 카리타스 등 국제기구의 지부, 그리고 지역 주민의 자발적 난민 봉사 프로그램에 주로 의지하면서 언어 및 직업 교육 과정을 이수한다. 즉, 독일의 전형적 사회통합제도에 따라 독일 사회로 편입하게 되는 것이다.

이처럼 유럽의 탈북민들이 적응 과정에서 보여주는 미시적 일상의 모습은 유럽의 최근 문화정치 지형의 변화 맥락에서 고찰할 필요가 있다. 더욱이 시리아를 중심으로 한 중동 및 북아프리카 지역에서 유입되는 난민의 급증과 함께 유럽 각국에서 고개를 내민 자국민중심주의를 고려하지 않을 수 없다. 영국의 유럽연합 탈퇴(Brexit) 결정, 그리고 독일의 극우정당 AfD(독일을 위한 대안정당)의 의회 입성 등의 배경에는 급격한 난민 증가가 하나의 원인으로 지목되고 있기 때문이다. 그러나 난민 유입이 하나의 촉매제는 될지언정 유럽에 부는 자국/자민족 우선 정책과 기류들의 근본적 원인은 아니다. 오히려 지난 수십 년의 급격한 전지구화 과정으로 빚어진 큰 역사적 흐름에 대한 맥락적 이해가 필요하다.

그 큰 흐름은 곧 탈세속화(post-secularization)와 초다양성(super diversities) 두 물결이다. 유럽이 주도한 근대화는 곧 세속화(secularization)의 길을 당연시해왔다. 실제로 많은 유럽의 교회들은 비어갔으며, 세속적 인본주의가 기존의 신관을 대체했다. 한편, 초국적 자본주의는 구 식민지는 물론 제3세계 노동자들을 유럽 시장에 불러들였다. 새로운 이주민들은 유럽 사회에 진출할 때 그들의 종교 역시 생활 필수품처럼 들고 들어왔다. 유럽의 도시들은 서로 다른 인종과 민족, 그리고 동질적인 민족 안에서도 다양한 정체성들이 분화된 초다양성의 거리 풍경으로 바뀌었다.

증가하는 문화 다양성은 스스로를 토착민으로 여기는 유럽 현지인들에게 정체성에 대한 의문을 가지게 했다. 낯선 이들과의 조우. 사실 유럽의 역사에서 보면 기독교적 전통에 기반한 "환대(hospitality)"의 가치가 인권 중시와 인도주의 제도화에 깊이 뿌리내리고 있다. 하지만, 개인주의가 점차 팽배해진 유럽의 일상 문화에서 낯선 이들과의 공존 방식은 적절한 거리두기와 무관심이 지배적이다. 급증한 이방인, 특히 도움을 필요로 하는 난민들은 바로 이러한 유럽 사회에 들어서서, 현지인들에게 일상의 환대와 지역적 정체성에 대한 질문을 던지고 있다. 최근 유럽 각 국가별 보수세력의 등장은 민족―국가 틀 안에서의 재정체화의 반응으로서, 탈세속화에 대한 반발, 탈다문화에 대한 요구라는 반동적 성격을 띠고 있다. 현재 유럽의 탈북민들은 이러한 시대사적 흐름과 그에 반하는 지역적 대응들을 맞닥뜨린 셈이다. 기존 남북한의 냉전적 구도와는 달리, 탈북민들은 자신과 가족의 문화적 정체성에 대한 상대적 규정들과 지속적으로 맞닥뜨리는 경험을 한다. 민족 내부의 갈등을 넘어 초국적 자아로 살아가고자 하는 유럽의 탈북민들은, 글로벌 코리안 공동체 형성에 중요한 매개자(mediator) 역할을 이미 수행하고 있는지도 모른다.

탈북민과 실향민의 차이 좁히기

홍용표 | 한양대학교 정치외교학과

2016년 가을, 서울의 한 도시개발지역에 "탈북시설 결사반대"라는 현수막이 내걸렸다. 탈북민들의 지역사회 적응을 돕고, 지역주민과의 소통 창구역할을 할 수 있는 '통일문화센터' 건립 계획을 발표하자, 인근 지역 주민들이 이것을 혐오시설로 간주하며 센터 건립을 반대한 것이다. 다행히 오랜 설득 끝에 주민들의 오해가 풀려 건축공사가 시작되었다. 하지만 이 일화는 왜 탈북민들이 "대한민국은 우리를 받아줬지만, 한국인은 탈북자를 받아준 적이 없다"고 호소하는지 잘 보여주고 있다.

안타깝게 큰 관심을 못 받았지만, 지난 4월 통일부는 "생활 밀착형" 북한이탈주민 정책을 발표하였다. 이는 2016년 11월 정부가 탈북민 3만 명 시대를 맞아 그들을 진정한 우리사회 일원으로 포용하기 위해 제시한 '사회통합형' 정책을 구체화 한 것이다. 이러한 정책의 목표는 탈북민 정착을 위한 물리적 기반인 주거, 교육, 취업 등을 지원함은 물론, 탈북민에 대한 우리사회의 편견과 차별을 없앰으로써 탈북민들이 대한민국의 당당한 국민으로, 그리고 우리의 친근한 이웃으로 자리 잡도록 하는 것이다.

하지만 자유를 찾아 온 탈북민들을 포용하기 위해서는 정부의 정책과 지원만으로는 한계가 있다. 앞의 사례에서 볼 수 있듯이 우리 사회의 따뜻한 시선과 배려가 함께하지 않으면, 그들은 여전히 '이방인'으로 남을 수밖에 없다. 실제 탈북민 관련 기사에 달린 댓글 내용을 분석한 연구에 따르면, 탈북민을 '포용, 인정의 대상'으로 보는 시각은 10.5%에 불과한 반면, '문제, 비난의 대상'(44.7%), '경계의 대상'(20.7%) 등 부정적으로 보는 시각은 65.4%에 달했다. 심지어 탈북민을 '간첩'과 동일시하는 경우도 적지 않다.

이러한 문제점을 개선하기 위한 방법 중 하나가 '탈북민'과 '실향민'에 대한 인식의 차이를 좁히는 것이라고 생각한다. '실향민'은 일반적으로 "고향을 떠난 뒤 본인의 의사와는 상관없이 다시 돌아갈 수 없게 된 사람"을 의미한다. 한국에서는 해방과 6·25전쟁 시기 북한을 떠나 남한에 정착한 사람들을 실향민이라 부른다. '탈북민'은 전쟁이 끝난 이후, 특히 1990년대 중반 이후 북한을 탈출한 사람들을 일컫는다. 탈북민이란 표현 자체가 1997년 「북한이탈주민의 보호 및 정착지원에 관한 법률」이 제정된 이후 쓰이기 시작했는데, 이 법은 북한이탈주민을 "군사분계선 이북지역에 주소, 직계가족, 배우자, 직장 등을 두고 있는 사람"이라고 정의한다.

이와 같이 탈북민과 실향민은 개념상 남쪽으로 넘어온 시기에서 차이가 있지만, 북쪽에 고향을 두고 있고, 그곳에 두고 온 가족, 친지를 그리워한다는 점에서는 차이가 없다. 그럼에도 불구하고 실향민들이 대부분 고향이 북한이라고 주저 없이 말하는 데 비해, 많은 탈북민들은 자신의 고향을 숨기려고 한다. 예를 들어 남북하나재단의 탈북청소년 실태조사에 따르면 자신이 북한 출신이라고 "아무 거리낌 없이" 밝히는 비율이 17.6%에 불과하다. 반면 "절대 밝히지 않는다"는 응답이 27.8%, "가급적 밝히지 않는다"는 응답이 33.3%를 차지하였다. 탈북민들과 대화해 보면 직장이나 학교에서 차별 받을까 두려워서 애써 서울 말씨를 익히며 북한에서 왔다는 사실을 숨기거나, 공개 여부를 고민하는 사람들이 꽤 있다. 그리고 출신을 밝히지 않는 경우, 정체성의 혼란을 겪고, 거짓말로 인한 마음 조임과 미안함 등으로 사회 적응이 더욱 어려워진다.

실향민들은 북한 사투리를 쓰는 이북이 고향인 사람들이라는 그들만의 정체성을 지니고 있다. 하지만 대한민국 국민으로서의 정체성도 분명 가지고 있으며, 아무도 그것에 의문을 제기하지 않는다. 탈북민들도 분단체제 하에서 보다 나은 삶을 위해 남쪽으로 넘어왔다는 특수성을 지니고 있지만, 우리 국민임에 틀림없다. '소수자'인 그들을 배려하고 지원해야 하지만 그들을 '타자'화 해서는 안 된다. 탈북민들의 어색한 말투를 듣고 경계하고 편견의 벽을 쌓을 것이 아니라, 그저 경상도나 전라도, 강원도 사투리를 쓰는 이웃으로 받아들일 때, 그들이 보다 편하게 지역사회에 적응할 수 있을 것이다.

탈북민들이 우리 사회에 성공적으로 정착하기 위해서는 스스로의 노력도 중요하다. 정부의 지원은 탈북민이 새로운 삶을 살아가는 데 필요한 기본적인 소양과 경제적 기반을 갖추어 남한 주민들과 같은 출발선에서 공정하게 경쟁할 수 있는 여건을 만들어주는 것이며, 열심히 뛰어 경쟁에서 이기는 것은 탈북민 자신들의 몫이다. 또한 '북한 출신'임을 감추려 하기보다는 '대한민국 국민'으로서의 자신감을 가지고 주위의 편견을 이겨내기 위한 노력도 중요하다.

정부의 지원, 시민사회의 인정과 배려, 그리고 탈북민 스스로의 자신감이 함께하여 탈북민과 실향민의 차이를 좁혀나갈 때, 탈북민들이 진정한 우리사회의 일원으로 통합될 수 있을 것이다. 그리고 이러한 움직임은 우리사회를 다양성이 어우러진 공동체로 거듭나게 하는 데 보탬이 될 것이다.

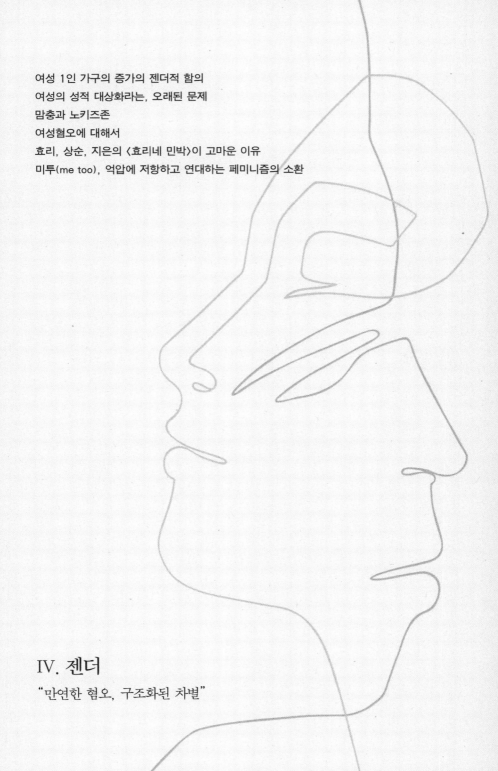

IV. 젠더

"만연한 혐오, 구조화된 차별"

여성 1인 가구의 증가의 젠더적 함의

김민지 | 이화여대 사회학과

최근 한국 가족은 속도와 그 내용에서 유례가 없을 정도로 급격하게 변화를 하고 있다. 그 중에서도 가장 두드러지는 변화는 결혼율과 출산율의 감소와 함께 나타나고 있는 1인 가구의 증가이다. 통계청에 따르면, 2015년 우리나라 전체 가구 형태 중 1인 가구는 27%로 가장 큰 비중을 차지하고 있다. 1990년에 1인 가구가 차지하는 비중이 불과 9%였던 것을 감안하면, 그 급격한 증가 추세를 실감할 수 있다. 또한, 과거 1인 가구가 청년층과 노년층에 한정되어 나타났던 것에 반해, 최근에는 전 연령층에서 지속적으로 증가하고 있다. 특히 비혼 여성이 전 연령층에서 고르게 증가하면서 혼자 사는 여성이 빠르게 증가하고 있다. 2015년 여성 1인 가구는 전체 1인 가구의 50.2%를 차지했다. 여성 1인 가구 중 상당수는 자발적으로 홀로 사는 삶을 선택한 사람들이라는 점도 그 의미가 깊다. 그렇다면, 여성 1인 가구는 왜 급격하게 증가하고 있으며, 우리 사회는 이들을 어떻게 바라보고 있을까? 이러한 시각들은 젠더 관계의 측면에서 어떤 함의를 가지고 있을까?

먼저 여성 1인 가구의 증가 배경은 무엇일까? 여성 1인 가구의 급증은 비혼과 이혼 선택의 증가와 밀접한 관련을 맺으며, 기존의 2세대로 이루어진 핵가족 중심의 정상가족 이데올로기와 가부장적 젠더 이데올로기의 약화를 포함한 사회적 변화를 반영한다. 특히, 여성들에게서 이러한 경향이 뚜렷하게 나타나는데, 최근에 이루어진 조사에서 응답자 중 거의 절반의 기혼여성들은 결혼이 불필요하며, 자녀가 없어도 괜찮다고 답한 바 있다. 결혼을 통한 자녀 출산과 양육이 더 이상 모든 개인들이 수용해야 하는 보편적 규범이 아니라는 말이다. 과거와는 달리 가족이 개인에 비해 무조건 우선되는 경향에서 탈피해, 개인의 권리가 중요한 사회적 가치를 획득하는 개인화 현상을 반영한 것이기도 하다. 가족에 대한 인식의 변화는 결혼과 이혼, 자녀에 대한 획일적인 인식을 약화시키면서, 점차 다양한 가족 형태에 대한 수용성이 높아지고 있다. 이러한 측면에서, 여성 1인 가구는 기존에 획일화된 가족 형태에서 탈피해 등장하는 다양한 가족 형태의 하나로 볼 수 있다. 실제로, 여성 1인 가구 중 상당수는 스스로를 자발적인 비혼 상태로 정의하고 있다. 미혼이나 독신이 당연히 해야 할 결혼을 아직 하지 않았다는 의미를 내포하는 데 반해, 비혼은 스스로 결혼을 선택하지 않았음을 의미하며, 결혼을 할 의사가 없는 것을 강조하는 용어이다.

이러한 인식 변화가 특히 여성에게서 두드러지게 나타나는 이유는 무엇일까? 글로벌 자본주의 하에서 많은 여성에게 노동 시장 참여는 선택이 아닌 생존의 문제와 직결된다. 여성 고용률은 지속적으로 증가해 왔으며, 우리나라 유배우 가구 중 맞벌이 가구가 차지하는 비중은 43%를 넘어서는 것으로 나타난다(통계청, 2015). 이는 가족 내에서 여성의 역할과 지위의 근본적인 변화를 요구한다. 하지만 가족 내 여성의 역할과 지위는 여전히 변화되지 않고 있으며, 가족 내 성평등이나 양성 간의 양육과 가사의 분담은 지체되고 있다. 남성들의 가사 노동은 맞벌이 여부에 크게 영향을 받지 않고 있으며, 맞벌이 여부에 상관없이 여성의 가사노동 시간은 남성에 비해 3배 이상인 것으로 나타나고 있다(통계청, 2014). 이에 더해 여성은 가족 내에서 돌봄 노동을 하지 않아도 되는 남성과 함께 경쟁하며 노동 시장에서 살아남아야 하며, 일과 가족을 둘러싼 고민은 여성에게 특히 더 치열할 수밖에 없다. 여성들은 결혼 시기를 늦추거나 출산을 조절함으로써 일과 가족의 양립을 유지하기 위해 애쓰거나 커리어와 경제적 독립을 위해 결혼을 하지 않는 것이다. 가족과 관련한 여성의 인식 변화가 큰 현실은 바로 이러한 사회적 상황과 무관하지 않다. 여성 1인 가구의 증가는 남성 중심적인 가부장적 가족 제도에 대한 적극적 도전으로 볼 수 있다. 특히 자발적 비혼을 선택한 여성들은 보다 민주적인 젠더 관계와 가족 형태로의 전환을 요구하는 가장 주요한 대안적 세력으로 자리 잡게 될 것으로 보인다.

여성 1인 가구의 증가는 기존의 가족 개념이나 가족 관계의 의미를 확장할 수 있는 기회가 될 수 있다는 점에서 긍정적일 수 있다. 하지만, 이것은 어디까지나 비혼이 차별 받거나 소외되지 않는 사회 환경이 만들어져야 한다는 전제 하에 가능한 것이다. 과연 여성 1인 가구를 바라보는 사회적 시선은 그러할까?

여성 1인 가구를 바라보는 사회적 시선은 차갑다. 여성 1인 가구는 저출산의 주범으로 지목되며, 결혼을 안 하는 이기적인 여성으로 비난을 받는다. 이러한 시선은 1인 가구 남성이 경제적 상황 등으로 결혼을 못하는 불쌍한 존재로 그려지는 것과는 사뭇 대조적이다. 저출산의 주범으로 1인 가구 여성을 겨냥하는 것은 원인과 결과가 뒤바뀐 잘못된 인식이다. 청년층의 경제적 문제가 개개인의 문제가 아닌 소위 "삼포세대"라는 말로 표현되는 사회적 문제라면, 여전히 가사와 육아를 여성이 전담하는 이데올로기를 그대로 유지하면서 동시에 여성에게 노동 시장에서 남성과 동일하게 경쟁하라는 현실 또한 여성 개개인의 이기심의 문제가 아니라 사회적으로 함께 해결해야 하는 문제일 것이다. 이 문제의 해결 없이는 여성 1인 가구 증가뿐만 아니라 저출산의 해결도 요원하다.

여성의 성적 대상화라는, 오래된 문제

김수아 | 서울대학교 기초교육원

'아이돌 학교'(Mnet)의 프로그램 제작 발표회에서 아이돌 가수이자 예능MC인 김희철은 "요즘 남성여성 편 갈라 싸우는 게 인터넷에 많은데 왜 그런지 모르겠다"고 말했다. 상당수의 사람들이 여기 동의하는 모양인지, 온라인상에서는 "싸우지 말고 사이좋게 지내자", "편 가르기는 ×× 때문이다" 등등의 댓글을 자주 볼 수 있기도 하다. 하지만 "왜 그런지"는 생각보다 명확하다. 현재, 한국의 대중문화와 일상문화의 상당 부분이, 한 쪽에게는 유희인 것이 한 쪽에게는 인권 침해이자 고통으로 남는 일이 되는 불균형이 지속되고 있어서이다.

더구나 이 불균형은 디지털 미디어, 개인화된 미디어의 시대가 되면서 날로 가속화되는 중에 있다. 누구나 카메라가 있고 누구나 제작자가 될 수 있는 참여 문화의 시대, 일방적 소비자였던 대중이 자신의 목소리를 내는 것은 정말 반가운 일이다. 하지만 그 콘텐츠의 내용이 무엇인가 혹은 어떤 것이어야 했는가에 대해서는 다른 관점에서의 이야기가 필요하다. 지금 대중문화의 일부 영역에서 콘텐츠가 되고 있는 여성의 성 또는 몸에 관한 것, 즉 성적 대상화의 문제가 그것이다. 이것이, 절대적인 비중으로 한 쪽에게 유희이고 한 쪽에게 침해인 상황을 만들고 있기 때문이다.

성적 대상화는 너무나 오래된 문제라 매우 진부하게 느껴질 수도 있다. 하지만 지금 한국의 대중문화에서 가장 문제되는 부분을 짚으라면 아무리 진부하더라도 이 이야기를 하지 않을 수가 없다. 과거에는 영화, 방송이 성적 대상화의 중요 문제 영역이었다면, 지금은 그러한 전통적 미디어뿐만 아니라 다양한 디지털 미디어들이 새로운 문제 영역으로 부상하고 있다.

예를 들어 '헌팅 방송'이라는 타이틀을 단 인터넷 개인 방송 콘텐츠가 대표적이다. 유튜브나 아프리카 TV 플랫폼을 통해 제공되는 이 콘텐츠는 길거리를 지나가는 일반인 여성을 카메라에 담는다.

스트리밍 서비스를 이용한 실시간 방송인 경우, 대상 여성이 촬영을 거부한다고 해서 화면에 이미 나간 자신의 모습을 삭제할 수도 없다. '미인 찾기'라는 이름을 붙이고는 지나가는 여성의 모습을 화면에 담아 콘텐츠로 제공하는데, 이를 소비하는 사람들은 화면을 보면서 댓글 창에 여성들에 대한 성희롱적 표현이나 모욕적인 언사를 일삼는다.

성적 대상화라는 말의 의미를 설명하는 데 이보다 더 간명한 사례를 찾기 어려울 것이다. 미국의 철학자 누스바움은 인간을 자신의 목적을 이루기 위한 수단으로 취급하는 것, 자율성을 부정하는 것, 신체의 일부로 축소시키는 것, 대체 가능하다고 여기게 만드는 것 등이 대상화의 개념에 포함된다고 했다. 여성의 존재를 외모로 한정하여 평가하고, 한 여성이 화면에서 사라지면 다른 여성으로 끊임없이 옮겨가는 이 콘텐츠는 정확히 그러한 의미에서 여성을 대상화하고 있다. 이에 대한 온라인상의 일부 반응들이 어쩌면 이를 더 적나라하게 드러내는 것인지도 모르겠다. "어차피 몸의 일부만 나오니 누구인지 모른다" 혹은 "매일 새로운 영상이 올라오고, 한 번 보고 댓글 달고 끝인데 뭐 어떠냐"는 등의 반응 말이다. 이 반응처럼, 한 인간을 인간 전체로 대하지 않는 것, 그것이 바로 대상화의 핵심 문제이다. 불법 촬영물이 포르노그래피 콘텐츠가 되는 문화가 존재하고, 화장실과 같은 영역에서 여성들이 불안감을 가지는 현실은 이런 성적 대상화 문제가 일상생활에 너무나 깊게 들어와 있다는 것을 보여준다.

성적 대상화의 문제는 단지 여성 이미지 재현의 관습뿐 아니라 실제 여성이 자신의 몸을 어떻게 인식하는가에 대해서도 영향을 미친다. 2017년 7월 서울대 여성학협동과정 대학원─학부 젠더연구 네트워킹 포럼에서 연구자 단한울은 남성 참가자 중심의 〈프로듀스 101 시즌 2〉와 여성 참가자 중심의 〈프로듀스101 시즌 1〉의 BMI 지수를 비교한 결과, 여성이 평균적으로 저체중 상태에 있다는 점을 수치로 보여주었다. 여성이 더 마른 상태여야 정상인 것으로 인식된다. 이처럼 성적 대상화의 직접적인 폐해는 여성 스스로 대상화의 기준을 내면화하면서 자신의 신체를 자연스러운 상태로 두지 않으려 하는 것이다. 성적 대상화 관습에 기초한 영상물들은 여성의 자유를 침해한다. 신체를 스스로 제한하게 하며, 행위를 제한하게 한다. 화장실에 갈 때에도 길거리를 걸을 때에도 언제 이 디지털 세계에서 자신의 신체가 응시의 대상이 될지 알 수 없기 때문이다. 디지털 이미지화한 세계에서 성애적 암시가 있는 남성의 사진은 인간으로 인식되는 반면, 여성의 사진은 '대상'으로 인식되는 경우가 많았다는 한 연구*는 이 세계에서 여성이 단지 대상이자 몸으로만 취급되는 일이 얼마나 일상화되었는지를 보여주는 사례이다.

그래서 남녀간에 "왜 그러냐"는 그 질문에 답하면, 현재 대중문화의 관습들이 여성을 함께 살아가는 시민으로 대우하지 않기 때문에 이 관습의 변화를 위해서 싸우고 있는 것이라고 말할 수 있을 것이다. 늘 그래왔으니 앞으로도 대상으로 그대로 있으라 하는 것을 사이좋게 지내는 것이라 말해서는 안 된다.

---

* Bernard, P., Gervais, S. J., Allen, J., Campomizzi, S., and Klein, O. 2012. "Integrating Sexual Objectification with Object versus Person Recognition: The sexualized−body−inversion hypothesis." *Psychological Science* Vol. 23 No. 5, 469−471.

맘충과 노키즈존

윤김지영 | 건국대학교 몸문화연구소

최근에 확산되고 있는 노키즈존No Kids Zone의 등장은 과연 무엇을 의미하는 것일까? 어린아이가 출입할 수 없는 공간이 등장하고 이것이 쾌적한 시민 공간을 만들어내는 적절한 조치로 이해받는 이 특화된 현상을 낱낱이 해부해보도록 하자.

첫 번째 해부의 칼날은 다음의 질문으로부터 시작된다. 노키즈존은 과연 누구를 이 사회에서 문제적 존재로 규정하고 있으며, 이를 통해 누구의 사회적 열외를 정당화하고 있는가? 노키즈존은 어린아이의 배제만을 겨냥하는 것이 결코 아니다. 왜냐하면 어린아이라는 존재는 그 아이의 육아를 전담하고 있는 이에 의해 보호받고 감시되어야 할 존재로 인식되기 때문이다. 즉 어린아이의 출입금지 문구는 아이를 동반하고 다니는 주양육자를 겨냥하는 것이다. 근대 서구의 핵가족 모델의 등장 이후, 임신부터 출산, 양육, 교육 전반을 한 사람에게 전담시키는 모성이라는 이데올로기가 탄생하게 되었고 이러한 엄마의 자리란 과도한 의무와 덕목의 자리가 되었다. 다시 말해, 엄마의 자리는 숭배의 자리이자 혐오의 자리로서 부계혈통중심사회에서 희생적 엄마와 이기적 맘충이 동시적으로 양산되는 자리가 된 것이다.

이러한 관점에서 노키즈존은 맘충에 대한 사회적 처벌의 방식이라 할 수 있다. 여기서 맘충이란 mom+蟲의 합성어로서 벌레가 된 엄마들, 즉 사회문화적으로 현실 공간에서 금지된 것, 규범과 질서가 무엇인가를 제대로 익히도록 하는 매개자 역할에 실패한 이들이라 할 수 있다. 왜냐하면 엄마의 역할이란 어린아이라는 존재를 성인 남성들의 공간인 현실에 편입하도록 하는 것이기 때문이다. 그런데 이러한 엄마의 역할, 즉 아버지의 이름과 아버지의 금기가 무엇인가를 제대로 아이에게 알려주지 않고 이를 내면화하도록 하지 못한 이들은 흉측스럽고도 이기적인 맘충으로 전락한다. 바로 이러한 맘충에 대한 사회적 열외의 정당화 방식이 노키즈존의 확산으로 나타나고 있다. 이것은 곧 엄마와 아이를 사회적 공간에서 추방하여 가정이라는 사적 공간에 몰아넣는 방식으로 이어진다. 제대로 된 시민들이 활보하는 공간인 거리와 음식점, 영화관 등으로부터 이들이 보이지 않아야 할 존재들로 규정됨으로써, 그들이 있어야 할 자리란 결국 사적 공간으로 축소되고 말기 때문이다. 이를 통해, 노키즈존의 확산은 맘충이라는 여성혐오적 문화가 공적 영역을 시민의 자리로 국한하고 사적 영역을 시민의 위상에 다다르지 못한 이들에 대한 유폐의 공간으로 작동하는 방식인 것이다.

두 번째 해부의 칼날은 이 사회란 과연 누구의 점유공간이며 누구의 신체습속과 누구의 활동 에너지, 생활리듬에 친화적 공간인가? 라는 질문과도 이어진다. 왜냐하면 공공장소로 일컬어지는 공간에서의 행동 지표들은 대부분 성인을 기준으로 개편된 것이기 때문이다. 한자리에서 움직이지 않고 가만히 있기, 배변활동을 지정된 장소에서만 하기, 떠들지 않고 조용히 하기 등과 같은 행동강령들은 어린아이라는 존재의 활동 에너지나 신체 리듬의 특수성을 반영한 것이 전혀 아니다. 왜냐하면 어린아이는 라틴어로 infans으로서 '아직 말하지 못하는 이들'이자 동물적 상태에 가까운 이들, 인간이라는 어른의 세계에 입성하지 못한 이들을 가리키기 때문이다. 어린아이라는 존재는 어른들과 다른 습속과 다른 신체 리듬, 다른 활동 에너지 장을 가지고 있지만 그들의 신체 습속들은 교정과 개화, 더 나아가 미개성과 동물성의 징표로 사회문화적으로 힐난받고 거부당한다. 그리고 이를 사회화와 교육의 의미가 거하는 지점으로 주장하기도 한다.

그러나 특정 성인 남성들이 한자리에서 가만히 있지 않고 다른 이에게 불쾌함을 조장하며 활보하기, 노상방뇨와 길 담배를 아무렇지 않게 행하기, 불특정 다수를 향한 욕설로 공포감 조장하기 등의 난동을 부리며 어른의 신체습속에 적합한 강령들을 어길 때조차도 우리는 그들을 공공장소에서 몰아내어 격리시켜야 한다는 주장을 내세울 수 없음을 너무나도 잘 안다. 그러나 이러한 일상의 행동 준칙들을 어린아이라는 존재들이 제대로 이행하지 못할 시에는 즉각적으로 배제의 이유가 되며 사회적 질서 유지를 위한 정당한 조치들로 쉽게 결론 내리려 하는 것의 모순, 그 깊은 부조리를 우리는 과연 깨닫고 있는가?

이를 통해 현실이라는 공간이 성인 남성들의 점유공간에 다름 아님이 적확히 드러나고 만다. 무엇을 했는가보다 누가 했는가가 더 중요한 위계적 사회에서 남성은 질서를 어겨도 될 만한 강자이지만, 아이와 그 아이를 돌보는 여성은 남성 질서를 감히 위반한 소수자들이기 때문이다. 이러한 이탈적 소수자들에 대한 교정의지를 시민의식으로 치환하는 오류야말로 현실이라는 공간을 남성들만을 위한 활주로로 굳어가게 하는 것이다. 다시 말해, 노키즈존의 등장과 확산은 21세기 한국 사회의 게토ghetto화─공간분리를 통한 열외와 배제의 장으로 현실을 제한해나가는 장면들일 수 있다. 그렇다면 이러한 게토의 등장에 여러분들은 어떻게 개입할 것인가? 여성과 아이 배제적 게토의 벽돌들을 열심히 나르고 있는 중은 아니었는가?

여성혐오에 대해서

이수연 | 한국여성정책연구원

여성혐오는 2016년 강남역 화장실 사건 이후로 부상한 열쇠말이다. 많은 여성들은 개인적으로 겪은 여성혐오의 경험을 그 사건에 중첩시키면서 그 사건을 여성혐오 현상의 상징으로 받아들였다. 일부 사람들은 강남역 사건을 온라인의 여성혐오가 오프라인으로 진출한 것으로 믿고 있다. 과연 온라인의 여성혐오가 무작위 살인사건으로 이어진 것인지, 그리고 여성혐오는 앞으로도 여성들의 안녕을 위협하는 기제가 될 것인지, 그리고 여성혐오의 정서를 해결할 수 있는지 등 어려운 질문에 대해 답하기 위해서는 여성혐오의 현상과 본질에 대한 이해가 선행되어야 할 것이다.

오늘날 여성혐오의 담론은 성차별 담론을 이어받은 것 같은 형국이다. 다시 말해 지금까지 성차별로 불려오던 현상들이 대부분 여성혐오로 대체되었다. 여성의 외모와 행동에 대한 억압적인 고정관념도, 여성에게는 일―가정 양립이 권리라기보다 의무로 지워지는 것도, 여성을 사회의 권력과 자원에서 배제시키는 것도, 모두 여성혐오의 원인이며 결과로 설명된다. 이러한 담론의 과격화는 여성들이 성차별에 대해 심각하게 생각하고 해결을 위한 적극적인 참여를 유발하였다는 데 긍정적인 측면도 있다. 하지만 다양한 차원과 양상의 성차별을 모두 의도적인 악의의 결과로 보게 한다는 점에서 성별 갈등을 필요 이상으로 부추기는 부정적인 면도 존재한다. 그래서 여성혐오의 정의는 무엇이며 성차별과 어떤 관계에 놓이는지 알아볼 필요가 있다.

여성혐오는 문자 그대로 여성에 대한 증오를 말한다. 이는 개별 여성의 특정한 속성 때문이 아니라 여성 집단 전체에 대한, 즉 여성이기 때문에 가해지는 극도의 부정적 감정을 말한다. 이런 면에서 여성혐오는 국가, 인종, 지역, 성적 지향, 신체적 특성 등을 이유로 한 소수집단에게 향하는 혐오와 공통점을 가진다. 이는 집단의 정체성에 대한 공격이며 이런 점에서 그 구성원의 인격을 파괴하고 때로는 생존을 위협하는 결과를 가져올 수 있다. 따라서 여성혐오는 사회악이며 엄격한 규제와 적절한 처벌을 필요로 한다고 할 수 있다.

반면에 성차별은 여성혐오보다 넓은 범주이며 그 의도에 있어 때로는 명확하지 않은 경우도 있다. 물론 성차별도 명백히 부정적인 행동이며 한 성별 집단의 다른 성별 집단에 대한 정의롭지 않은 관계를 초래한다. 성차별을 비롯한 집단 간의 차별은 자기 집단과 다른 집단을 '구분'하고 그 집단에 대한 '우위'를 차지하는 것을 목표로 한다. 구분은 우위의 선행조건이기도 하지만 그 자체로 중요한 역할을 하는데 이는 인간정체성의 근원적인 불안정성 때문이다. 즉, 자기의 정체성을 찾기 위해 먼저 자신을 타자와 구분하는 것이 필요하며 이를 위해 가장 의미심장한 타자는 다른 성이다. 남성들이 스스로를 여성과 구분하려는 강박은 심리학적*으로도, 사회학적**으로도 잘 설명되어 있다.

그런데 가부장제도에서 남성의 성별 구분은 항상 '우위'라는 명제에 의해 지배된다. 남성은 여성과 다를 뿐 아니라 여성보다 우월해야 한다는 것이다. 여기서 성별 구분은 성차별로 이어진다. 하지만 성별 관계는 항상 적대적인 것만은 아니다. 글릭과 피스크는 차별적 구조를 유지하는 고정관념이 '역량(competence)'과 '호감(likeability)'이라는 이질적인 두 요소를 가진다고 말한다(Glick and Fiske, 1999, 200). 역량은 높은 목표를 달성하는 능력으로, 이에 통해 차별하는 집단과 차별받는 집단의 지위를 구분하는 정당성이 부여된다. 반면에 호감은 상대 집단에 대한 친밀도를 말한다. 호감은 역량과 역상관의 관계에 있는데 상대 집단의 역량을 인정하면 관계가 경쟁적이 되면서 호감이 떨어지고 역량의 위협을 느끼지 않으면 호감이 올라가는 것이다.

남성집단의 여성집단에 대한 우위가 보다 공고할 때 남성의 여성에 대한 호감이 높고 두 집단 간의 관계는 좀 더 협력적일 수 있다. 즉, "여성이 여성의 자리를 알 때에" 남성의 여성에 대한 태도는 적대적이기보다는 온정적일 수 있다. 특히 여성과 남성은 이성애적인 대상이 될 수 있고 가정이라는 공동체를 통해 인생의 여정을 공유할 수 있다는 점에서 다른 차별적 관계보다 훨씬 친밀하고 보완적인 측면을 가진다.

---

* 예를 들어 Jacques Lacan, Ecrits: A Selection. trans. Alan Sheridan. New York: Norton.
** 예를 들어 우에노 치즈코(2012). 〈여성혐오를 혐오한다〉, 나일등 옮김, 은행나무.

이러한 남녀 관계의 특징 때문에 성차별도 적대적인 유형에서 온 정적인 유형까지 다양한 모습으로 나타난다. 온정적인 유형의 성차 별은 여성에 대한 호감, 기사도, 그리고 인생을 완성하는데 여성의 절대적 필요성으로까지 표현될 수 있다. 적대적 성차별은 여성에 대한 경쟁의식, 두려움, 나아가 혐오의식으로까지 나타난다. 그런데 적대적 성차별 안에서도 그 정도의 차이가 존재한다. 대부분의 적대적 성차별은 여성과 남성의 차별적 대우를 정당하게 여기지만, 적어도 이를 정당화할 나름의 근거를 제시하며 여성을 경쟁자로 생각하지만 적으로 치부하지는 않는다.

반면에 여성혐오에는 혐오의 이유가 없다. 예를 들어 온라인에 올라온 성차별적 표현들은 "여성은 지구상에서 사라져라," "여성은 IS에게 강간당해야 한다" 등의 이유 없는 극단적인 증오를 보여준다. 여성혐오는 남녀 집단 사이에 어떤 협력적인 관계의 가능성도 남겨놓지 않으며 오로지 증오와 배척을 부르짖는다. 여성혐오는 극단적으로 적대적인 성차별이며 동시에 위험한 반사회적인 현상이다.

참고문헌

Glick, P., and Fiske, S. T. 1999. "Sexism and Other 'Isms': Interdependence, Status, and the Ambivalent Content of Stereotypes." W. B. Swann, Jr., J. H. Langlois, & L. A. Gilbert eds., *Sexism and Stereotypes in Modern Society: The Gender Science of Janet Taylor Spence*. Washington, DC: American Psychological Association.

효리, 상순, 지은의 〈효리네 민박〉이 고마운 이유

나임윤경 | 연세대학교 문화인류학과

JTBC에서 석 달 넘게 방영한 〈효리네 민박〉은 자체 방송사 예능 프로그램 최고 시청률을 기록했고, 그 덕에 제작진들에게는 포상 휴가가 주어졌다고 한다. 그들은 그 금쪽같은 휴가 때 어디서 무엇을 했을까. 혹시 효리·상순네에서 민박하며 제주를 즐겼을까. 그러나 아쉽게도 그 민박집, 지난 일요일부로 문을 닫았다.

언론 보도에서만 이 프로그램의 최고 시청률을 알 수 있는 건 아니다. 내 주변의 여성들은 연령대에 상관없이 자주 〈효리네 민박〉에 대해 얘기한다. 깨알 같고 보석 같은 '효리 어록', 평등해서 더욱 달콤한 효리·상순, 묵직함과 담백함을 넘나든 여성 연대의 상징 효리·지은(가수 아이유), 그리고 민박객들을 향한 이 세 사람의 환대와 보살핌은 단순히 높은 시청률로만 얘기할 수 없는 정동(affect)을 시청자들에게 준다. 남자들끼리의 낄낄거림과 마초macho적 고성高聲, 농담을 가장한 상호 폄하, 근육 자랑을 비롯한 갖가지 치기稚氣, 그리고 여성에 대한 대상화와 타자화가 일상적인 최근 예능 프로그램에 지루함과 피곤함을 느껴서였을까. 효리네의 세 사람이 선사하는 때로는 가볍게 유쾌하고, 때로는 깊게 성찰적인 아우라 덕분에 오랜만에 TV 화면에 시선을 고정한다. 상순의 스머드는 조연 역할이 있기도 했지만, 카리스마 넘치는 효리와 헐렁한 듯 영특한 지은이 주조하는 여성 간 연대와 우정은 또 다시 이런 프로그램이 나올 수 있을까 미리 걱정될 만큼 압권이다.

사실 최근 영화나 예능 프로그램에서 여주인공을 보는 것은 정말 드문 일이다. 서사보다 액션 중심의 블록버스터형 한국 영화의 요즘 경향은 여배우들의 근황을 따로 챙겨 봐야 할 정도로 주로 남배우들을 캐스팅한다. 간혹 여배우들이 있다면 보나마나 남자 주인공의 애인이거나, 남자 범인, 경찰, 혹은 검사들과 동종 업계에 있는 중량감 없는 '홍일점'으로서의 여성이다. 예능 프로그램도 크게 다르지 않다. 〈무한도전〉, 〈1박2일〉, 〈비정상회담〉, 〈나는 자연인이다〉, 〈알쓸신잡〉, 〈썰전〉 등처럼 출연진 전원을 남성으로 구성하는가 하면, 〈집밥 백선생〉, 〈한끼줍쇼〉, 〈해피투게더〉, 〈라디오스타〉, 〈삼시세끼〉 등과 같이 '예쁜' 여성 연예인 한두 명을 고정 혹은 게스트로 출연시켜 보조적 역할을 하게 한다. 이 '소수자' 여성들은 상호 지지적인 또 다른 여성 없이 혼자 '수동적이거나 때론 명랑한 예쁜이' 역할을 할 뿐이다. 다른 여성과 교류한다 하더라도 서로에게 경쟁적인 상대역이 되곤 한다.

〈효리네 민박〉의 많은 덕목 중 하나는 최근 예능계의 이 같은 '남아선호'와 '여성혐오'를 힘들이지 않고 가볍게 극복했다는 점이다. '같고 또 다른' 두 명의 슈퍼스타 효리와 지은 사이의 호감, 배려, 가르침과 깨달음은 절대로 위에서 아래로, 일방적으로 흐르는 법 없이 언제나 상호적이다. 지은은 효리의 카리스마에 압도당하고, 효리는 지은의 순수함에 숙연해진다. 이 둘의 카리스마와 순수함이 다른 숙박객들과 만나는 지점에서 치유가, 힘들게 지나 온 시간들에 대한 보상과 위로가, 그리고 앞으로의 삶을 의연하게 살아낼 자신감이 피어난다. 효리와 상순 사이에 쉴 사이 없이 흐르는 위계 없는 낭만 역시도 남녀 사이에 불가능해 보이던 어떤 가능성을 상상하게 해 준다.

연인 사이의 낭만이란 계층, 연령, 자원, 국적 혹은 금기 등을 초월했을 때 구성되는 것이라고 중세 이후의 소설을 비롯한 다양한 문학 작품들은 힘주어 말해 왔다. 문학에서의 연애각본은 바로 이 극복과 초월의 과정을 중심으로 쓰여 왔으며, 그랬기에 변하지 않는 이성애 스토리는 남녀 사이의 계층을 뛰어넘은 신데렐라 콤플렉스를 핵심으로 한다. 그러나 효리·상순에게 있어서는 남성에 대한 여성의 의존 욕망이라는 이 콤플렉스마저도 상호적이다. 상순에게 의지하는 효리가 보이다가도, 효리 덕분에 잘 지내는 상순이 곧 카메라 안으로 들어온다. 이처럼 일방적이더라도 오래지 않아 곧 상호성을 회복하는 효리−지은, 효리−상순의 관계에 대한 균형 감각 덕분에 단 3~4일만을 묵었을 뿐인 숙박객들은 효리·상순·지은을 오래된 지인처럼 편안하게 느낀다. 그들을 보는 시청자 역시도 그러하다.

그 많던 여성 연예인들은 도대체 어디로 간 걸까. 최근 한국 연예계의 특징은 단연 여성 실종이라 할 수 있다. 이 현상은 여성혐오를 말하지 않고는 설명될 수 없으며, 특정 인구에 대한 혐오는 관계에 대한 균형 감각을 상실했을 때 발생한다. 그 감각을 회복했을 때 비로소 드러나는 근사한 인간의 모습이 〈효리네 민박〉의 효리·상순·지은을 통해 투숙객들과 시청자들에게 전달된다. 시청자들은 이들 덕분에 불가능하리라 생각했던 평등한 이성애와 여성 간 연대의 가능성과 그 힘을 믿게 된다. 그럼에도 불구하고 앞으로도 계속 여성 연예인의 등장이 뜸할 것이 확실해 보이는 이유는 분명 프로그램 제작에 관여하는 사람들의 남아선호와 여성혐오 때문이라고 할 수 있지 않을까.

'적폐'라는 낯선 개념과 용어가 한국 사회의 일상이 되었다. '블랙리스트'가 연예계의 적폐를 선점한 요즈음이지만, 사실 구체적인 리스트 없이 더 어둡고 깊숙한 곳에서 자신을 드러내지 않는 적폐는 남아선호와 여성혐오다. 이 둘을 걷어 낸 멋진 결과를 잔잔하고 강렬하게 보여준 〈효리네 민박〉이 그래서 고맙다.

미투(me too),
억압에 저항하고 연대하는 페미니즘의 소환

홍기원 | 숙명여대 정책대학원 문화행정학과

미투 운동(#me_too)은 2017년 헐리우드의 영화제작자인 허비 와 인스타인의 성폭력에 대한 연속적인 폭로 사건으로 촉발되었다. 한 국에서는 2018년 초 서지현 검사가 검찰 고위간부의 성폭력 무마사 건을 폭로하면서 시작되었다. 문화예술계의 여성들의 적극적인 참 여로 여성관련 이슈 중에서는 드물게 반 년 가까이 공중의제로 지속 되고 있다. 성폭력 및 성평등 문제에 대한 정책적 해결에 대한 관심 이 증가하면서, 국가 정책 전반에서 페미니즘의 시각을 재검토하게 되는 중요한 전기가 될 것으로 기대가 모아지고 있다.

표면적으로 보여지는 미투 운동의 주요 현상을 요약하자면 다음 과 같다. 첫째, 사회적으로 영향력 있는 조직의 구성원들의 고발에서 시작하여 다양한 집단과 계층에서의 고발과 공개가 이루어지고 있다. 권력의 위계와 폐쇄성이 큰 조직에서부터 시작하여 권력이나 권위와는 거리가 있어 보이는 문화예술분야까지, 주로 사회의 엘리트 및 전문가 중심으로 운동이 전개되는 양상을 띤다. 둘째, 온라인을 통해 정보의 공유와 확산이 빠르게 이루어지고 있다. 관련 직종이나 분야별로 온라인 플랫폼이 생성되어 그 안에서 자발적인 자료 축적이 이루어지고, 소셜 네트워크를 통해 피해사실이 공개되고 있다. 셋째, 성폭력이라는 현상에 중심을 둔 보도와 관련 대책이 이루어지고 있다. 넷째, 여혐(misogeny)를 비롯해 미투 운동을 비하하고 폄하하거나 이차적인 피해를 가하는 집단들이 자신들의 존재를 드러내고 있다.

이러한 현상은 여성차별에 저항하는 사건으로서는 매우 전형적인 모습이다. 기존의 페미니즘이론을 현재 상황에 적용해본다면 다음과 같이 해석될 수 있다.

현재 미투 운동을 촉발시킨 사건들은 소위 자유주의적 페미니즘으로 불리는 전문직 엘리트 여성 개인의 권리 보호, 즉 사회적 주류 계급의 문제로 한정된 채 확산되고 있는 특징이 있다.* 그러나 가장 많은 사례가 폭로되고 있는 문화예술계의 경우만 보더라도, 제도권 교육을 중심으로 하는 성폭력과 이와는 다소 거리를 둔 예술 창작의 도제적 구조 및 위계 관계가 복합적으로 작용한다. 예술적 명성에 기초한 단체의 가부장적인 조직문화는 엘리트 교육이든 아니든, 전방위적으로 그 폭력적 힘을 행사한다. 그럼에도 불구하고 사회경제적으로 주변부에 있는 여성들의 사례들은 아직 그 심각성의 극히 일부

---

* 김미덕(2016), 「페미니즘의 검은 오해들」. 현실문화.

만 드러나고 있다. 특히 온라인을 중심으로 정보의 공유와 사례의 수집이 이루어지는 현재의 흐름을 볼 때 주변화 된 여성들의 문제가 지속적으로 제기되지 못할 가능성도 안고 있다. 최근 주목 받고 있는 공공분야나 예술계의 문제들은 사회의 주류로부터 소외된 채 다른 계급적 상황에 처한 여성들(특히 이주여성들)이 배제된 양상으로 발전하고 있는 것이다.

미투 운동이 페미니즘의 문제라는 점이 명확하게 발화되지 못하고 "미투 운동"이라는 언술로써 해결책이 강구되는 것은 우리 사회가 갖는 페미니즘에 대한 공포증(phobia)현상과도 맥이 닿아 있다. 미디어 및 정부의 대응책이 성폭력이라는 표면적인 문제에만 집중하면서 미투 운동을 인권을 침해하는 폭력행위의 맥락에서만 다루는 것 역시 이러한 점을 뒷받침하고 있다. 이 점은 최근 정부가 발표한 각종 정책 처방이라는 것들이 모두 실태조사, 법률적 조력, 상담 및 치유, 재발방지를 위한 경고성 처벌 등으로 이루어지는 데에서도 드러난다. 이렇게 미온적인 보완책의 제시와 함께 최근 남성피해자에 대한 이례적으로 신속한 처벌**이라는 관성적 행태는 피해여성에 대한 2차 가해와 여성혐오를 표현하는 백래시backlash*** 현상이 고개를 드는 빌미를 제공하고 있다.

페미니즘 내부의 다양한 관점에도 불구하고 공통적으로 인용되는

** 2018. 5. 11. 경찰은 홍대 미술대학 수업의 남성누드모델 몰카 사건에 대한 수사를 이례적으로 신속하게 진행하여 용의자를 검거하였다. 이로 인하여 한해 수천 건에 달하는 여성에 대한 몰카 사건을 처리하지 않는 관행에 대한 항의로 만여 명이 넘는 여성이 집회를 개최하였고 청와대에 청원을 올리는 일이 발생하였다.
*** 수전 팔루디(2017), 「백래시」. 아르테

부분은 남녀의 성별 차이, 즉 젠더적 특성의 실재와 가부장제도의 부조리한 측면이다. 미투 운동은 이 둘 중 어느 문제와 더 많이 교감하고 있을까? 보통의 경우 인권이나 차별의 문제에 대한 공론화의 장이 형성되고 문제에 대한 공감이 이루어지면 해결 가능성도 높아진다. 특히 타자의 고통과 피해가 사소하지 않고 심각하거나, 그 피해가 마땅히 받아야 할 응보가 아닌 억울한 경우이거나, 그런 상황이 자신에게도 닥칠 수 있다는 판단이 들 때에 공감은 더 크게 발생한다고 한다.**** 현재의 미투 운동은 공감의 일부 두 요소가 적극적으로 작용하는 가운데 발화되었다. 그러나 자신에게 닥칠 일이 아니라면 결코 진정한 공감으로까지 전진하기는 어렵다. 이러한 문제들이 구조적인 문제로서 결코 바뀌지 않을 것이라는 확신이 있는 이상 공감이 얼마나 확산되고 지속될 수 있을까. 젠더 감수성이 발달하지 않는 사회에서는 매우 어려운 일이다.

그러므로 성폭력의 처벌과 방지를 위한 대책을 마련하는 것만으로는 결코 문제가 근본적으로 해결되지 않는다. 여성 전반의 주류화 조치 등을 통해 현재의 권력 균형이 변화하지 않고서는 미투 운동은 끝나지 않을 것이다. 특히 인종(다문화), 계급, 종교적 문제까지 아우르는 문제의 해결을 위해서는 더 깊은 차원의 구조적 변화가 요청된다. 집단 각각의 특수성에 기반한 풀뿌리 연대와 저항의 실천 역시 중요하다. 그러므로 반드시 필요한 것은 양성평등을 실현하기 위한 기존 제도의 변화이다. 다행히도 연대의 흐름은 이미 미투 운동으로 시작되었다.

**** Fernandes, Leela(2003), Transforming Feminist Practice. San Francisco: Aunt Lute Books

도시재생, 반성과 미래
재생의 시간은 얼마나 빠르게 가고 있는가?
도시재생, 주체의 공존과 가치의 공유
도시의 미래와 스토리텔링

V. 도시재생

"도시 만들기와 공생의 상상력"

도시재생, 반성과 미래

김경민 | 서울대학교 환경대학원

도시재생뉴딜정책이 문재인정부의 주요 국정과제로 떠오르면서, 많은 사람들이 해당 정책의 구체적 내용에 관심을 갖게 되었다. 그런데, 도시재생정책은 새롭게 등장한 것이 아니라, 2010년대 들어서 새로운 도시개발의 패러다임으로 자리 잡았고 이미 진행중이다. 2011년 박원순 시장 취임 후, 서울시 시책은 도시재생을 기반으로 하고 있으며, 중앙정부 역시 2014년 이후 창신숭인 도시재생선도지역을 포함한 전국 여러 곳의 재생사업에 많은 재원(사업지마다 4년간 대략 200억 원)을 투여하고 있다.

도시재생뉴딜정책은 대통령 공약대로라면 매년 10조 원의 돈이 투입될 예정이다. 이렇듯 엄청난 재원이 들어갈 정책의 성공을 담보하기 위해서는 도시재생선도사업에 대한 냉철한 분석이 필수적이다. 즉, 도시재생선도사업의 초기 목적 달성여부를 검토하여야 한다.

만약 목표 달성이 미진하였다면, 문제점과 한계를 이해하고 극복 대안을 고민하여야 한다.

해당 사업 성과에 대한 필자의 의견은 절반의 성공이다. 커뮤니티 보존 및 활성화 정책을 새롭게 시도한 점은 마땅히 평가받아야 하며 그 의의를 부정할 수 없다. 또한, 힘겨운 노력을 들여 민간과 공공이 함께 커뮤니티를 조직화한 성과는 대단한 것이다. 그럼에도 불구하고 수백억 원이 들어간 사업이 과연 지역경제 활성화에 기여하였느냐는 질문에 솔직히 한계가 존재하였다고 본다.

도시재생은 기본적으로 공공과 민간(커뮤니티)이 함께 진행하는 "사업"이다. 따라서 공익성을 담보하는 가운데 민간의 효율성과 사업성에 입각하여 사업이 진행되어야 한다. 만약 민간의 사업성이 고려대상이 아니라면, 도시재생은 복지 차원에서 공공 자금을 투여하고 공공이 주체적으로 사업을 수행하면 된다.

사실 도시재생 사업 효과에 대한 논의(어떻게 하면 공공성을 높일 것인가? 능력 있는 민간 조직(기업)의 참여를 이끌 방법은 무엇인가? 공공성과 사업성의 조화를 어떻게 달성할 것인가? 등)는 도시재생 역사가 오래된 서구에서도 현재진행형이다. 따라서 우리보다 시행착오를 미리 겪은 서구의 경험을 이해해야 우리의 미래를 대비할 수 있다고 본다.

서구의 도시재생 등장 배경은 여러 요인에 기인한다. 간략히 설명하면, 1950~60년대 대규모 철거를 바탕으로 한 개발이 예상하지 못한 부작용(커뮤니티 해체와 개발사업의 실패)을 초래하면서 대안이 모색되었다. 이러한 가운데 1970년대의 경제 불황으로 말미암아, 중앙정부는 정부재원으로 도시 문제를 해결할 수 없는 상황에 이르게 되었고, 민간과 함께 도시(재생)사업을 진행할 수밖에 없었다. 공공의 공익성을 해치지 않으면서 민간의 효율성이 접목된 공공민간협동개발에 의해 도시재생사업이 진행되기 시작한 것이다. 정부는 지역 커뮤니티의 이익을 반영하면서 이들의 이익이 심각하게 침해되지 않는 선에서, 민간 파트너 조직(사회적 기업뿐 아니라 순수 민간회사 포함 – 여기에는 금융회사도 큰 역할을 함)과 함께 재생사업의 큰 방향을 정하고 역할을 분담하며 사업을 진행하였다. 사업 규모는 매우 다양한데, 뉴욕 맨해튼의 배터리파크시티 개발이나 런던의 카나리워프 개발과 같은 초대형 개발에서부터 작은 도시의 건물 단위 개발(서민 임대 주택 – affordable housing 개발)에 이른다.

사업 영역을 살펴보면, 도시재생은 크게 두 영역을 포괄한다. 주거 복지를 포함한 커뮤니티 문제 해결 영역과 지역경제 활성화 영역이다. 심각하게 낙후된 지역은 쇠락한 주거 환경과 비위생, 높은 범죄율, 낙후된 경제 상황 등 여러 문제를 안고 있다. 이러한 문제들은 서로 연관되어 있는데, 사회적 기업에 관여하며 지역 문제를 다년간 살펴본 필자의 경험에 의하면 이들 문제의 근간은 결국 경제 이슈이다. 물론 지역경제 활성화가 모든 문제점들을 한꺼번에 풀 수 있다고는 보지 않으나, 지역 경제 활성화 없이 다른 이슈 해결은 난망하다고 본다.

그리고 필자가 접한 커뮤니티 구성원들의 불만은 단순했다. 하루 12~14시간 공장에서 일하며 노동강도가 세지는 가운데 소득 상승이 난망한 상황이었고, 물가는 오르는 현재에 분노하면서 자식을 돌보지 못해 미안해했다. 그리고, 몇 백억 원이 지역에 투자되었다고는 하는데 자신의 소득에 큰 기여가 되지 않는 점에 허탈해 했다.

주민들은 커뮤니티 조직화 명목으로 진행되는 담벼락 벽화 그리기 프로젝트나 기타 공공디자인 프로젝트 대신, 약간이나마 본인 소득 증가에 기여하는 프로그램의 진행을 열망했다.

물론 환경개선사업의 중요성을 간과하는 것은 아니다. 다만, 정부 재정 한계가 존재한다면, 정책의 우선순위는 명확해야 한다. 그리고 현재 지역문제 해결의 최우선 과제는 경제활성화이지 디자인 프로젝트가 아니다.

만약 경제활성화 전략이 가장 필요하다는 필자의 주장에 동의한다면, 도시재생사업을 주도적으로 이끄는 전문가 그룹은 학자들이나 NGO가 되어서는 안 된다. 사업성을 명확히 이해하는 비즈니스 영역의 전문가 그룹들이 중심에 서야 한다. 서구의 경우, 이미 공적인 역할을 하는 비즈니스 전문가들이 존재한다. 서구식 사회적기업의 경우, 공적인 마인드에 사업성을 갖춘 전문가가 다수다. 우리 역시 매우 짧은 기간의 사회적 기업 역사가 있으나, 열린 마음을 갖고 사업에 임하는 다수의 청년그룹과 은퇴한 전문가들이 존재한다. 각 지역의 산업적 특성이 다르다면, 해당 산업을 이해하는 전문가 비즈니스 그룹들이 도시재생의 선도적 위치에서 사업을 이끌어야 한다. 물론 여기에는 조정 및 감시기능이 요구된다. 이는 (가칭) 지역 커뮤니티 위원회를 통해서 비즈니스 전문가 조직이 초기에 설정한 커뮤니티 목표에 맞춰 사업을 진행하는지를 체크하면 된다.

따라서, 도시재생은 결국 도시재생사업을 이끄는 조직, 즉 거버넌스 확립이 출발점이다. 정부는 인센티브를 민간에 제시하면서 참여

를 이끌어야 하며, 민간 비즈니스 조직은 정부 제공 인센티브에 걸맞
은 공적 이익을 지역 커뮤니티에 제공하여야 한다. 그리고 지역커뮤
니티 위원회는 이들이 제대로 된 목표를 지향하는지 감시 감독하여
야 한다.

재생의 시간은 얼마나 빠르게 가고 있는가?

김지윤 | 성공회대학교 동아시아연구소

　최근 1~2년 사이 대학원에서 도시사회학 관련 수업을 듣는 학생들 중 매 학기 2~3명 이상은 도시재생을 연구 주제로 논문을 쓰고 있다. 이들은 대부분 도시재생 지역에서 사회적 기업을 운영하거나 지원금을 받아 지역 역사나 구술사를 연구하는 프로젝트에 참여하고 있다. 나 역시 최근 3년 동안 도시재생 그리고 이와 연관된 마을만들기나 젠트리피케이션과 관련된 연구를 다수 수행해왔다. 최근 버스를 타면 연구지역이었던 창신동을 도시재생사업의 성공적인 사례로 소개하는 동영상이 반복적으로 상영되고 있다. 도시재생 지역의 여러 곳에서는 지역주민을 대상으로 도시재생대학이 만들어지고 나같은 연구자들에게도 강연요청이 들어온다. 새로운 '뉴딜정책'이라는 말에 일면 수긍이 가기도 한다.

　초기에는 해외 연구자들과의 공동연구에서 그들이 먼저 한국의 독특한 마을만들기에 관심을 갖고 연구를 제안해 왔다. 주민들의 자발적 주도로 공동육아를 통해 점점 지역공동체로 성장해 나간 성미산 마을, 예술가들의 프로젝트가 결합하여 독특한 전경을 만들어 낸 부산의 감천마을, 그리고 한양성곽을 따라 자리잡은 성곽마을 중 하나인 장수마을 등은 정부주도의 도시재생 정책이 활성화되기 시작한 2013년 이전부터 이미 주민들의 자발적인 활동이 활발했던 곳이었다. '글로벌 도시' 서울의 근대화, 도시화, 정보화 등의 변화에 주목해 온 해외 연구자들에게 이들 지역의 모습과 주민들의 활동은 흥미로운 연구 주제였던 것 같다. 당시에 나는 이런 '예외적 사례'의 역사·경제·사회적 맥락을 설명하느라 애썼다. 그러나 이러한 예외적 사례들은 곧 "주민주도의 대안적 도시재생"의 모델이 되면서 일반 방문객들은 물론 여러 도시재생 선정 지역의 주민들을 대상으로 하는 체험 교육을 위한 '성지'가 되어 갔다.

초기에 주민들의 자생적인 모임과 활동이 존재했던 소수 지역의 모습들은 이제 말 그대로 타지역에서 '재생(replay)'되기 시작한다. 주민들이 주도하는 자발적인 모임이나 활동을 기다리기에는 시간이 부족한데, 보통 도시재생사업의 기간은 길어야 3년이다. 짧게 잡아도 1953년 한국전쟁 이후 파괴된 서울에 새로운 건물들이 세워지고 거기에 사람들이 거주하고 이것이 노후되어 이제 재생의 대상이 되는데 60여 년의 세월이 걸렸다. 그러나 지역 경제 등을 활성화하기 위해 평균 3년의 짧은 기간이 주어진다. 1970~80년대 '불량주거지'를 밀어내고 고층 아파트를 불쑥불쑥 세워내던 그 개발의 시계는 지금도 작동하고 있는 것 같다.

다만 그 개발의 양상은 물리적 철거와 신축보다는 문화적 콘텐츠 개발로 옮겨가고 있다. 대부분의 도시재생 사업의 시작은 지역의 정체성을 그 역사성에서 발굴하는 것에서부터 시작한다. 가령, 한양 성곽을 기준으로 서로 맞닿아 있는 종로구 이화동 벽화마을 – 성북구 삼선동 장수마을 – 동대문구 창신동 봉제마을은 각각 예술가들이 벽화로 이화동의 가파른 계단과 집의 담벼락 등을 꾸미면서 벽화마을로, 재개발지역이었던 삼선4구역은 주민의 다수가 고령층으로서 이들이 장수했으면 좋겠다는 바람으로, 그리고 창신동의 경우는 봉제공장이 많은 지역적 특성을 감안해 봉제마을로 불리기 시작했다. 이처럼 지역 중심의 역사가 재발굴되고 오래 거주한 '진정한 주민'의 구술사가 기록된다. 이러한 기록들은 도시재생의 근거가 되고 보존해야 할 대상을 선정하는 자료가 된다. 마을투어 프로그램이 생기고 안내문과 표지판이 설치된다. 방문객들을 위한 카페, 공방, 갤러리나 뮤지엄 등도 생긴다. 이러한 시설은 대부분 외부 방문객이나 소비자들을 유입하여 지역경제를 활성화할 수 있다는 '상상의 경제'를 구성한다. 그러나 성미산 마을처럼 실제 주민들의 필요와 수요에 의해 카페나 공방 등이 주민주도로 생겨난 곳을 제외하면 이들 모델을 단순 재생하고 있는 지역에서 이들 시설들이 쉽게 문을 닫고 실패하는 것을 보면 이는 상상의 경제임이 분명해 보인다.

　최근 도시재생과 관련된 뉴스들은 "매년 10조원씩 총 50조원을 500곳에 투입" 등으로 도시재생 정책을 설명하고 있다. 이는 마치 이명박정권에서의 뉴타운사업처럼 도시재생사업이 새로운 대규모 도시 개발정책으로 받아들여지고 있는 모습이다. 이제 관심사는 '어디'가 도시재생 지역으로 선정되고 '얼마'의 자금이 투여될 것인가이다. 도시재생은 '부동산 전문가'들에게도 이제 주요한 관심사로 등극했다. 도시재생을 대하는 이들의 활동은 연구자인 나보다 심지어 더 큰 열정을 보여주고 있다.

이들은 개인 블로그와 팟캐스트를 운영하면서 도시재생 선정 지역을 중심으로 이것이 부동산 시장에 호재인지 사람이 얼마나 더 유입될 것인지 분석한다. 서울시에서 발표하는 자료들에 대한 꼼꼼한 독해와 분석도 빼놓을 수 없다. 최근 한 지인이 보여준 지방의 한 부동산 중개사무소의 사진에는 "도시재생지역"이라는 문구가 크게 붙어 있는데 이는 곧 도시재생사업이 부동산 개발 호재와 동의어로 읽히고 있음을 알 수 있다. 전국적 단위의 새로운 '뉴딜정책'으로 등극한 도시재생 정책은 초기에 이를 수식하던 주민주도, 주거안전성 확보, 삶의 질 향상이라는 내용에 대한 관심보다는 투기적 부동산 개발의 장으로 빠르게 포섭되고 있는 듯하다.

그럼에도 불구하고 도시재생에는 주민이 있다. 주민주도 혹은 주민참여라는 수식어는 끊임없이 도시재생의 주체로 정부가 아닌 주민을 소환하고 있다. 실제 여러 도시재생 지역의 주민협의회에 나가보면 활발히 참여하는 주민들이 존재한다. 기존의 재개발 정책에서 주민은 곧 가옥주였던 시절과 달리, 도시재생에서 주민의 권리가 곧 소유권으로 귀결되지 않는 점은 반가운 일이다. 도시재생을 위한 주민협의체에서 세입자들은 의사결정권이 없다는 말을 섣불리 하는 이들도 이제는 거의 볼 수 없다. 이제 주민들은 '참여하는 자'가 곧 주민이라고 말한다. 주민설명회나 도시재생센터가 주관하는 교육 및 체험 프로그램 등에 주민들이 참여함으로써 도시재생사업은 '주민 주도'까지는 아니더라도 '주민 참여' 사업으로 정당화된다. 실제로 이들의 제안은 다양한 방식으로 정책에 반영되고 실현되기도 한다. 그러나 자세히 보면 '참여할 수 있는 주민'은 노동시간에 쉽게 얽매이지 않는 이들로 제한되고 있다. 봉제마을로 알려진 창신동에서도 다수의 봉제인들 중 적극적으로 도시재생에 참여할 수 있는 주민은 매우 한정적이며 노동시간에 얽매이지 않는 가옥주들의 참여가 여전히 적극적인 편이다. 그러나 노동의 시간에 얽매인 주민들의 참여를 기다리기에는 재생의 시간은 이미 빨리 돌아가고 있다.

　이동의 사회학자라고 불리는 존 어리John Urry는 네트워크를 통한 정보의 전송, 일상적으로 반복되는 일과 여가, 즉흥적 이미지와 유행 등의 활동들이 안겨주는 순간적 시간에 맞서 자연의 속도에 버금가는 '빙하의 시간'이라는 은유를 제시한다. 여러 세대에 걸쳐 천천히 흘러가는 빙하의 시간은 순간적 시간성이 수반하는 몰장소성을 극복하고 유유하게 거닐거나 느긋하게 정착할 수 있는 장소와의 관계 형성을 가능하게 한다. 글로벌 시대의 초국가적 이주, 이동, 그리고 여행에 주목했던 사회학자가 빙하의 시간을 제시하는 것은 단순히 자연과 느린 삶으로의 회귀가 아닌 다양한 시간성 그리고 그 시간성을 통해 공간과 맺는 다양한 관계성을 강조하기 위함이다. 이동과 속도의 시대라고 하는 21세기 서울에서 도시 재생의 시간은 압축된 도시화의 속도만큼이나 빠르게 진행되고 있다. 2014년 처음 13개 지역이 도시재생선도지역으로 선정된 이후 이제 전국에서 재생의 대상이 되지 않은 곳을 찾아보기 어려울 정도다. 이제 질문은, 어디가

재생되어야 하는가가 아니라 재생의 시간은 어떻게 흐르고 있는가
이다.

도시재생, 주체의 공존과 가치의 공유

이영범 | 경기대학교 건축학과 교수/도시연대 이사

성장의 동력을 상실한 채 저출산 고령화시대에 접어든 우리 사회는 도처에서 쇠락해가는 도시의 풍경을 목격한다. 대도시는 원도심의 쇠퇴가 심각하고 지방도시는 인구가 지속적으로 줄면서 이제는 소멸의 위기에 직면해 있다. 지방의 소멸이 멀지 않았다는 경고음이 도처에서 들린다. 부풀어진 도시의 몸짓이 경쟁력을 상실하면서 공간의 잉여가 발생하고 빈집의 사회적 심각성이 심화되고 있다.

쇠퇴한 도시를 살리는 도시재생이 국정과제로 부상했고 새로 출범한 문재인정부에서는 매년 10조씩 5년에 걸쳐 50조 원을 도시재생에 투자하겠다는 청사진을 밝혔다. 도시쇠퇴가 단기간에 돈을 쏟아 붓는다고 해결되는 단순한 문제가 아니기에 우리는 도시재생에 좀 더 신중할 필요가 있다. 도시재생을 한마디로 정의하기는 힘들지만 도시재생에서 가장 중요한 가치가 사람들의 삶이어야 한다는 점에는 모두가 동의한다. 이 전제를 기반으로 할 때, 도시재생은 다양한 삶의 관계망을 담고 있는 장소성에 대한 보존을 의미하며 또한 장소성에 담긴 삶의 관계망을 공간을 통해 미래지향적으로 재구성하는 것을 의미하기도 한다. 따라서 도시재생은 쇠락하는 장소의 물리적 환경뿐만 아니라 그 안에 내포된 삶의 방식에도 주목해야만 한다. 삶과 터가 결합된 정주성의 문제가 도시재생의 본질일 수 있다면, 그 중심에는 주체의 공존과 가치의 공유라는 화두가 놓여 있다.

이미 관광명소가 되어버린 서울의 북촌은 한옥을 재생시켜 성공사례로 회자된다. 하지만 북촌이 정주성을 상실한 채 관광객을 위한 박물관 마을이 되어 버린 것은 결국 다양한 사람들의 삶이 북촌이란 장소성 내에 공존하지 못하다 보니 자연스럽게 거주의 가치가 한옥을 통해 사회적으로 공유되지 못했기 때문이다. 한옥의 외형은 더 수려해지지만 한옥에 담긴 전통적인 주거방식, 즉 길과 마당을 통한 공간과 생활의 확장이나 길과 집과의 관계를 통한 마을이나 공동체의 가능성은 한옥의 재생과 함께 사라져 버렸다. 마당은 있지만 열린 마당이 아니라 닫힌 마당만이 있을 뿐이고 전통의 담장으로 개보수를 했지만 담장을 넘나드는 길과 집과의 관계는 더 높은 담으로 단절되고 말았다. 한옥은 재생되었지만 그 안에 담긴 가치와 생활이 사라지고 말았다면 그 재생의 진정성은 과연 어디에 있는가?

지역재생에서 생활문화를 통해 공유와 공존의 가치를 살린 흥미로운 사례를 살펴보자. 서울의 마포를 기반으로 활동하는 비영리단체인 민중의 집에서는 '우리의 일상을 지배하는 가장 중요한 생활문화 중 하나인 음식문화는 지역 공동체 안에서 어떻게 어우러질 수 있을까?'라는 화두를 던지고 맛을 통한 시민문화의 가능성을 탐색하기 시작하였다. 즐거움으로써의 '맛'의 의미를 살리면서 지역 공동체의 역량에 기여할 수 있는 방법의 모색이 필요하다는 인식을 기반으로, 1인가구를 중심으로 한 독립생활인 반찬모임과 할머니 밥상 프로그램이 기획되었다. 1인 가구인 독립생활인을 대상으로 한 반찬모임은 소셜쿠킹, 소셜다이닝 등 취미와 관심사에서부터 사회적인 문제까지 어우러져 함께 먹는 밥을 주된 내용으로 한다. 할머니 밥상은 일주일에 한번 민중의 집에 동네 할머니들 열다섯 분 내외가 모여 각자 자신의 삶 속에서 기억되는 음식을 만들어 한 끼 식사를 같이 나누는 밥상 공동체 프로그램이다. 고향이 다르고 살아온 인생이 다른 할머니들이지만 이들의 삶 속에서 기억되는 음식의 지역적, 역사적 배경을 다시 기억하고 음식을 통해 그녀들의 살아있는 역사를 다시 현재화하고 아카이빙하려고 하는 시도를 하였다. 독립생활인 반찬모임과 할머니 밥상모임은 서로 연계하여 지역의 망원시장 장보기도 같이 하고 장에서 물건 고르는 법에서부터 반찬 만드는 요리법까지를 할머니를 통해 젊은 세대들이 공유할 수 있는 가능성을 모색하였다. 이러한 민중의 집의 음식을 매개로 한 맛 프로그램은, 지역 내 작은 계층별 공동체를 하나의 생활문화로 조직화하고, 이들 작은 공동체가 다시 서로 연계하여 삶의 가치를 공유하고, 지역 사회 내의 전통시장 등의 자원을 활용하여 지역기반형 생활문화공동체를 이루어 나가는 주체의 공존과 가치의 공유를 실천한 삶터의 재생이라고 할 수 있다.

오래되고 쓸모없는 것들이 시간성을 초월하여 사회적으로 공유될 수 있도록 만드는 것이 재생이고, 재활용이고, 지속가능성이다. 버려진 폐광촌과 산업화시대의 발전소나 공장건물들이 문화예술의 공간으로 탈바꿈한 사례들을 우리는 도시재생의 성공사례라고 부른다. 성공의 비법을 캐내려고 여기저기 선진지 답사를 다니느라 바쁘지만 전가傳家의 보도寶刀가 있을 리 만무하다. 그저 있는 것을 있는 그대로 잘 다듬어 거기에 맞게 사용하는 것이 공통된 특징일 것이다. 다만 여기서 주목해야 할 것이 있는데, 그것은 바로 공간을 통한 삶의 의미와 시간성의 공유이다. 북촌 한옥마을이나 마포 민중의 집의 사례에서 알 수 있듯이, 시간성의 공유는 함께 사는 동시대인의 다양한 삶의 방식에 대한 존중이며 그들의 삶을 담아낸 터에 담긴 역사성을 현재화하여 지금 우리가 일상을 통해 체험할 수 있게 해주는 창조적 재생이다. 이를 통해 우리는 삶터로서의 장소만이 갖는 의미를 공유하게 된다. 도시의 과거와 미래가 역동적으로 현재의 삶터에서 통합되기 위해서는 그 터에 주체로서의 사람의 다양한 삶이 공존하고 그 삶으로 인한 거주의 가치가 서로 공유되어야만 한다.

도시의 미래와 스토리텔링

이창현 | 국민대학교 언론정보학부

도시는 생물체와 같다. 새롭게 태어나서 성장하기도 하지만, 또 쇠락하면서 사라지기도 한다. 생물체인 도시는 때로는 환경과 잘 조응하면서 인간의 풍요로운 삶을 지원해주기도 하지만, 때로는 환경을 파괴하면서 인간이 살 수 없는 곳으로 전락해버리기도 한다. 제레드 다이아몬드는 문명의 흥망성쇠를 『문명의 붕괴(Collapse)』라는 책을 통해서 설명하고 있는데 이것을 도시의 흥망성쇠에도 적용시켜 볼 수 있다. 외적의 침입도 없고, 특별한 기후변화도 없었던 이스터 섬의 문명 붕괴는 사람들이 자연환경을 파괴하면서 자연과 조화로운 문명을 만들어내지 못했던 것에 기인한다고 분석한다.

도시는 스스로 말한다. 도시는 자신의 정체성과 매력을 스스로 보여주면서, 그것으로 사람들을 끌어 모은다. 도시를 인류 최고의 발명품 중 하나라고 말한 에드워드 글레이저는 『도시의 승리(Triumph of the City)』라는 책을 통해서 도시의 실패와 성공 사례를 제시한다. 그는 아테네와 바그다드의 사례를 제시하면서 인도의 방갈로르가 인적자본이 자유롭게 모일 수 있는 개방적 조건을 충족했기에 성공한 도시가 될 수 있었다고 분석한다. 미국의 실리콘 밸리가 성공을 거둔 것도 이와 같은 이치이다.

반면, 디트로이트시는 거대한 자동차 공장을 만들어 내기는 했지만, 자동차 산업의 몰락으로 도시의 슬럼화는 가속화되었다. 도시 재개발로 인해 흉물스러운 슬럼가가 새로운 고층건물로 바뀌었지만, 도시의 쇠퇴를 막지는 못했다. 사람들이 모여들고 다양한 교류와 협력이 있어야 하는데 노동자 중심의 도시인구 구성이 그러한 조건을 만들어 내지 못했던 것이다. 그렇지만 뉴욕시는 폭력이 난무하는 슬럼가의 확장과 교외 거주의 열망으로 도심이 동공화되는 위기를 겪었지만, 뉴욕의 사람들은 금융산업의 부흥과 함께 도시의 문화 예술적 매력을 만들어가면서 생명력을 이어갔다.

이것처럼 다양한 사람들이 모이는 도시, 그래서 그들이 이야기가 매력을 가질 때 도시는 승리한다. 그렇다면 우리는 어떠한 도시를 꿈꾸고 있는가? 한때, 두바이는 많은 정치인들이 자주 찾아가는 선망의 도시였다. 모래 위의 신기루를 만들어 낸 두바이는 토목사업을 좋아했던 정치인들의 열망을 담아내기에 충분한 도시였다. 세계 최고의 높은 빌딩인 828미터의 부르즈 칼리파는 높은 빌딩의 기록을 경신하게 했다. 그렇지만 두바이는 그 속의 사람들의 이야기를 만들어 내지는 못하고 있는 듯하다. 자본의 열망을 담아낸 신기루 같은 도시에서 사람 사는 이야기를 지속적으로 만들어내지 못했던 것이다.

반면, 독일의 베를린은 '가난하지만 매력적인 도시'라는 설명처럼 예술가들이 살기 좋은 도시로서 이야기를 만들어갔다. 저렴한 생활비를 기반으로 해서 매력적인 예술가들이 모여들었고, 다양한 지식인과 사업가들이 그 뒤를 이어 몰려들었다. 도시가 매력을 갖는 순간 도시의 생명력이 높아진다. 베를린은 나치의 독재와 동서독 분단, 그리고 평화 통일의 이야기를 기반으로 해서 새로운 도시의 이야기를 만들어 내고 있는 것이다.

이렇듯 도시는 그 스스로 이야기를 만들어 내면서 매력을 발산할 때 생명력을 얻어간다. 서울은 무슨 이야기를 담고 있으며 어떠한 매력요건을 갖고 있는 것일까? 최근 도심재생이 새 정부의 핵심 정책으로 등장하고 있다. 서울만 해도 북촌과 서촌, 그리고 창신·숭인 지역 등 다양한 도심재생이 이루어지고 있다. 도심재생 사업들이 진행되고 있지만, 성공의 핵심은 그 속의 사람과 마을공동체에 대한 이야기이다. 도심 재생이 성공하려면 단순한 물리적 마을 만들기가 아니라, 그 속의 사람들이 이야기를 만들어 가야 한다. 도시의 이야기에 도시의 매력이 있고, 또 미래가 있는 것이다.

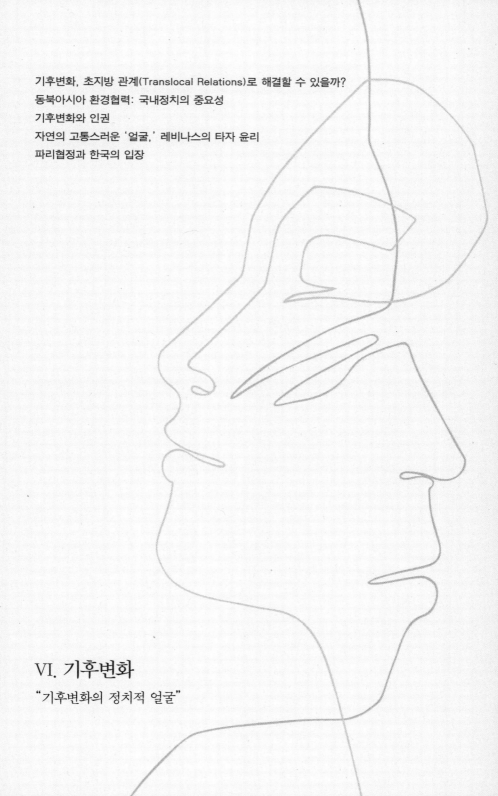

Ⅵ. 기후변화

"기후변화의 정치적 얼굴"

기후변화, 초지방 관계(Translocal Relations)로 해결할 수 있을까?

이태동 | 연세대학교 정치외교학과

세상에 풀기 어려운 문제가 한두 가지가 아니지만, 기후변화 문제만큼 복잡하고 사악한(wicked) 문제가 없다. 기후변화의 근본적인 원인은 화석 연료를 기반으로 한 인간의 경제활동이다. 그러나 단지 온실가스를 줄이기 위해서 인간의 경제 활동 자체를 축소하기는 힘들다. 아니면 화석 연료를 기반으로 하는 경제 시스템을 바꿔야 하는데, 이해관계자들은 화석 연료 관련 산업을 통해 누리는 거대한 기득권을 포기하려 하지 않을 것이다.

특히 기후변화의 주무대인 지구 대기는 공유재로서 비배제성(non-exclusiveness)과 경쟁성(rivalry)의 특징을 지니고 있다. 즉, 기후변화는 자신의 이익을 추구하는 합리적 행위자들 사이의 경쟁으로 인해 공유재의 비극(tragedy of commons)을 초래할 수 있는 대표적인 예다. 대기에 온실가스를 더 배출하고서라도 자신의 경제적 이익을 극대화하는 인센티브는 많아도, 지구의 공유재를 공동으로 보호하고자 하는 인센티브 혹은 국제적 규제는 효과를 발휘하기 쉽지 않다.

온실가스 배출 책임에 대한 선진국과 개발도상국의 갈등은 기후변화 문제의 해결을 더욱 어렵게 하는 요소이다. 이는 과거 산업 혁명을 겪은 선진국들의 온실가스 배출에 담긴 역사적 책임, 그리고 현재 개발도상국들의 급속한 경제 성장을 가능하게 하는 화석 에너지 사용과 온실가스 배출 문제를 둘러싼 규제에 관한 갈등을 포함한다.

아울러, 기후변화의 위험과 영향은 지역에 따라 다른 양상으로 나타난다. 심지어 한 나라 안에서도 다르다. 어떤 지역은 기후와 해류의 변화로 인해 산불이 빈번하게 발생하는 데 반해 다른 지역에서는 최강의 한파가 몰아친다. 각 지역마다 기후변화에 대한 적응 계획을 지역의 특색과 기후변화의 양상에 맞게 세우고 집행해야 한다는 의미이다.

전 지구적인 기후변화 문제 해결을 위해 기후변화당사국회의를 비롯한 국제기구와 개별 국가들은 나름의 노력을 기울여 왔다. 그러나 1990년 대비 2012년까지 평균 5%의 온실가스 감축을 약속했던 교토 협약의 경우 많은 국가들이 감축 약속을 준수하지 못했고, 2015년 국가들의 자발적 감축 계획을 바탕으로 한 파리협약으로 대체되었다. 현재 파리협약과 관련한 다양한 논의가 진행되고 있지만, 국제기구와 국가들의 노력만으로 전 지구적인 기후변화 문제 해결은 요원해 보인다.

최근 도시와 지방 정부는 기후변화 대응과 관련하여 의미 있는 행위자로 등장했다. 국가들이 기후변화 관련 국제 협약을 비준하지 않거나 온실가스 감축 약속을 준수하지 않는 상황에서도 스스로 감축 계획을 만들고 실행하는 도시들이 늘어나고 있다. 아울러 각 도시들이 혼자 기후변화에 대응하는 것을 넘어서 기후변화 국제 도시 네트워크를 만들어 공동으로 대처하고 있다. 이를 '초지방 관계(translocal relations),' 즉 도시 간의 국제 관계라고 명명한다. 기후 변화 관련 초지방 관계를 통해, 선진국의 도시들과 개발도상국의 도시들이 한 자리에 모여 도시의 기후변화 적응 대책을 논의하고 배운다. 예를 들어, 비슷한 기후변화 위험을 가진 런던, 호치민시, 자카르타, 로테르담, 뉴욕 같은 도시들은 '삼각주 도시 연결(Connecting Delta City)' 네트워크를 만들어 해수면 상승, 태풍 재난 대비 등에 대한 정책과 정보를 공유한다. 'C40 도시 기후변화 리더십' 네트워크의 경우, 참여한 92개 도시의 GDP 합이 세계 GDP의 25%에 해당할 만큼 큰 규모를 자랑한다. 세계 인구 12명 중 1명이 C40 도시들에 살고 있으며, 10,000가지가 넘는 기후변화 적응, 저감, 에너지 전환 정책이 실행되고 있다.

도시는 예로부터 혁신의 중심지였다. 기후변화 대응에 있어 국가와 국제기구의 노력도 중요하지만, 이젠 도시의 역할을 눈여겨 볼 때이다. 개별 도시들과 더불어 국경을 넘나드는 수많은 도시 간 네트워크들을 통해, 기후변화 대응의 새로운 가능성을 탐색해 볼 필요가 있다.

동북아시아 환경협력: 국내정치의 중요성

신상범 | 연세대학교 국제관계학과

동북아시아에는 다른 지역과 마찬가지로 역내 국가들이 협력해서 다루어야 할 환경 문제들이 많이 있다. 대표적인 것으로 황사나 미세먼지로 인한 대기오염 그리고 적조나 녹조, 기름유출, 쓰레기의 해양투기로 인한 어족 자원 고갈과 해양오염 등의 문제가 있다. 또한 가장 중요한 지구환경문제 중 하나인 기후변화 역시 역시 지역 협력이 절실한 분야이다.

그동안 역내 주요 국가들은 다양한 환경협력을 시도해 왔다. 협력의 초기인 1980년대 중반에는 일본이 풍족했던 엔화를 바탕으로 주로 중국을 대상으로 환경기술, 인력, 자본, 정책노하우 등을 전수하는 방식의 협력이 진행되었다. 그러나 1992년 리우에서 열린 유엔환경회의 이후 역내 다자간, 양자간 환경협력이 본격화되었다. 1993년에 시작된 동북아환경협력계획(NEASPEC) 고위급회의를 비롯해서 그 이듬해 시작된 북서태평양보전계획(NOWPAP), 1999년에 시작되어 현재 19차 회의까지 이어진 한중일 3국 환경장관회의(TEMM) 등이 다자간 협력의 대표적인 예이다. 같은 시기인 1990년대 초반부터 역내 주요국들 간의 양자간 환경협력협정이 체결되고 공동위원회가 개최되기 시작하였다.

이렇게 활발한 협력에도 불구하고 이들이 실제로 이루어 낸 성과는 그다지 크지 못하다. 아직까지 역내에서 구속력 있는 국가 간 협약이 체결되어 실행되고 있는 경우는 거의 없고 주로 공동 연구 및 조사, 정보와 자료의 교환, 교육 및 의식제고 사업 등 초보적인 협력이 대부분이다. 협조체제에 기반한 신뢰와 소통의 장이 안정적으로 마련되었다는 점에 있어서는 긍정적으로 평가되지만, 그것을 넘어서 유럽이나 동남아시아 등 타 지역에서 가능했던 성공적인 환경협력사례는 아직까지 없다.

그러나 지역환경협력은 국가들 사이에서만 이루어지는 것은 아니다. 유럽이나 북미 등 타 지역에서는 시민사회의 다양한 행위자들이 국경을 넘어 정보를 교류하면서 환경 문제 해결을 위해 협력하고 있다. 지방정부들 역시 글로벌 차원의 네트워크를 만들어 환경 문제에 공동 대응하고 있다. 국가 간 협력을 트랙1, 시민사회 차원의 협력을 트랙2, 그리고 지방정부 간 협력을 트랙3이라고 한다면, 전 지구적으로 트랙 2와 3 차원의 협력이 더욱 활발해 지고 있는 것이 일종의 대세라고 할 수 있다.

그런데 트랙 2와 3에서의 협력이 활성화되기 위해서는 중요한 두 가지 조건이 있다. 첫째는 역내 국가들의 국내 환경정치에서 시민사회 행위자들의 참여 통로가 보장되어 있어야 한다. 정부가 환경관련 비정부단체(NGO)나 여타 이해당사자들의 정치참여를 보장하여 환경이슈를 공론화하고 숙의과정을 통해 정책결정을 하는 시스템이 갖추어져야 한다. 이때 시민사회 행위자들은 역내 네트워크에 좀 더 책임 있는 행위자로 참여할 수 있을 것이다. 둘째, 역내 국가들의 국내 환경정치가 분권화되어야 한다. 지방정부가 실제 환경정책을 집행할 수 있는 자율성과 능력을 가지고 있어야 이들이 중앙정부의 허락이나 간섭 없이 역내 환경 협력을 효과적으로 주도해 나갈 수 있을 것이다. 요컨대 환경NGO나 지방정부가 자기들이 속한 국가의 환경정치에서 중요한 행위자로서 권한과 역량을 가지고 참여한다면 이들이 역내 네트워크를 주도하여 트랙1에서 이루지 못한 성과를 달성할 수 있을 것이다.

주지하다시피 동북아시아에서는 트랙 2와 3 수준에서의 협력도 아직 미비하다. 그 근본적인 이유는 대체로 역내 국가들에서 시민사회가 활성화되어 있지 못하고 환경 거버넌스가 비교적 중앙집권화되어있기 때문이다. 일본의 경우 역내 국가들 중 가장 분권화되어 있지만 최근 원전 재개 결정과정이나 전반적인 기후변화 대응과정을 보면 아직도 중앙정부 중심으로 중요한 정책결정이 이루어지고 있다. 중국의 경우 시민사회가 매우 약하고 여전히 중앙정부가 하향식으로 환경 정책을 결정하고 있다.

일본과 중국의 환경정치와 달리, 한국은 긍정적 변화의 가능성을 보여준다. 최근 새 정부 하에서 신고리 원전 건설 재개 문제가 공론화되는 과정은 제한적이지만 시민사회의 다양한 행위자들이 숙의과정을 통해 환경정책을 결정할 수 있는 가능성을 보여주었다. 이와 더불어 지방의 실질적인 권한 강화를 위한 개혁이 보다 심도 있게 진행된다면 한국의 환경정치는 보다 상향식의 분권화된 모습으로 발전해 갈 것이다. 이러한 새로운 가능성들에 기반해 우리는 향후 한국이 여러 트랙에서 역내 환경협력을 주도해 나갈 것을 기대해 볼 수 있다.

기후변화와 인권[*]

최진우 | 한양대학교 정치외교학과

기후변화는 21세기 최대 글로벌 현안이다. 그 효과는 이제 우리가 피부로 느낄 수 있을 정도다. 부쩍 잦아진 기상 이변, 녹아내리는 북극해, 현저히 줄어든 고산지대의 만년설, 해수면 상승 등이 대표적 예다. 해수 온도 변화에 따라 태풍은 더 강력해지고, 극지방의 기온 변화로 유례없는 한파 또는 혹서의 빈도가 잦아지고 있다. 가뭄과 홍수의 피해도 커지고 있다. 인구 2천만 가운데 천만 명이 난민이 된 시리아 내전 또한 수 년 간의 극심한 가뭄으로 시작됐다는 관측이 있다. 흉작으로 어쩔 수 없이 도시로 몰려든 농촌 인구가 열악한 거주 환경과 식량난으로 생계의 위협을 받자 시위를 벌였고, 이를 강경 진압하는 과정에서 발생한 충돌이 내전으로 비화했다는 것이다. 기후변화가 바로 전쟁의 이유였고 난민 발생의 원인이었다.

[*] 이 글은 2017년 12월 15일자 『국제인권보』에 게재된 기사를 일부 수정한 것임.

기후변화에 대한 지금까지의 논의는 주로 두 차원에 초점이 맞추어져 있었다. 첫째, 기후변화 대응책의 경제적 효율성, 둘째, 기후변화 대응에 소요되는 비용의 배분이 그것이다.

기후변화 대응책에는 두 가지가 있다. 완화(mitigation)와 적응(adaptation)이 그것이다. 이 두 가지를 어떻게 혼합하는 것이 경제적으로 가장 효율적인가를 따지는 것이 첫 번째 논의다. 완화론은 지구온난화가 화석연료의 과다사용으로 빚어진, 말하자면 인간들에 의해 초래된 변화이므로 화석연료의 사용을 줄이고 신재생에너지 등의 대안을 모색함으로써 지구온난화의 속도를 최대한 늦추자는 입장이다. 적응론은 기후변화란 어차피 진행될 수밖에 없다는 전제에서 출발한다. 극단적으로는 지구온난화가 거대한 주기의 자연적 현상이라고 보거나, 아니면 인간 문명의 발전을 에너지 문제 때문에 멈출 수는 없으니 지구온난화를 기정사실로 받아들이고 이에 따른 변화에 잘 적응하며 살 수 있는 방도를 찾자는 입장이다. 그런데 현실적으로는 완화 또는 적응 둘 중 하나만을 택하기보다는 이 두 가지를 어떻게 섞으면 비용 대비 최대의 효과를 거둘 수 있는지를 모색하는 경제적 효율성의 관점이 기후변화 대응 논의의 한 축을 이루어 왔다.

두 번째 논의는 주로 선진국과 개발도상국 간의 논쟁이다. 과거 선진국들의 산업화 과정에서 배출된 온실가스가 지금 우리가 겪고 있는 기후변화의 원인이므로 선진국들이 책임을 지고 기후변화 대응에 필요한 기술과 자금을 개발도상국에게 지원해야 한다는 주장, 그리고 기후변화는 지구상의 모든 국가가 힘을 모아 함께 대응해 나가야 할 문제라는 점에서 선진국 개도국 가릴 것 없이 고루 비용을 나누어 부담을 해야 한다는 주장이 맞서고 있는 것이 또 하나의 축이다.

어느 쪽이나 기후변화 관련 논의는 거시적 관점에서 다루어져 왔다. 효율성의 극대화를 모색하는 경제적 관점이나 비용의 배분에 주목하는 정치적 관점 모두 거대담론이기는 마찬가지다. 그러나 최근 들어 기후변화의 문제는 미시담론의 수준에서 논해지고 있다. 거대담론은 인간 개개인의 생존, 생활, 존엄 등의 권익에 미치는 기후변화의 미시적 영향에 대해서는 소홀했다는 반성에서다. 기후변화는 '효율성'과 '비용 분담'의 문제만이 아니라 우리 중 누군가의 '고통'과 관련된 일임을 자각하게 된 것이다. 이제 기후변화는 인권의 문제가 되고 있다.

기후변화가 국제적으로 인권의 차원에서 논의되기 시작한 것은 2005년 이누이트족이 미국을 미주인권위원회에 고발하면서부터다. 미국이 온실가스 저감 조치를 충실히 이행하지 않음으로써 자신들의 생명권, 재산권, 건강권 등이 침해됐음을 국제사회에 호소한 것이다. 2008년에는 몰디브를 비롯한 도서島嶼 국가들이 유엔인권위원회에 기후변화와 인권의 연관성에 대한 결의안 채택을 요구하면서 기후변화와 인권문제 간의 연결고리는 본격적으로 공론화의 길을 걷게 된다.

일반적으로 인권의 수호를 위해서는 세 가지 의무가 따른다고 한다. 타인의 기본권을 박탈하지 말아야 할 의무, 기본적 권리가 박탈당하지 않도록 보호해야 할 의무, 권리를 박탈당한 사람을 도와야 할 의무가 그것이다.

기후변화는 인간의 기본적 권리에 해당되는 건강한 삶을 영위하기 위해 필요한 '적절한 환경을 향유할 권리'를 침해한다. 아울러 기후변화는 심대한 환경 변화를 초래함으로써 인간의 생명권, 건강권, 생존권을 위협한다. 기후변화는 이처럼 인간의 기본권을 박탈할 수 있다는 점에서 심각한 인권 문제인 것이다.

이러한 시각, 즉 기후변화 문제는 곧 인권 문제라는 인식은 기후변화 관련 정책을 수립하고 집행함에 있어 인권에 대한 함의를 반드시 고려하도록 하는 효과를 수반한다. 아울러 잠재적 피해자의 실존적 고통에 시선을 두게 함으로써 기후변화 방지를 위한 우리의 도덕적 의무감을 촉발시키고 기후변화 문제의 심각성을 바라보는 새로운 시각을 제공하는 의의도 있다.

사실 인권 차원에서 기후변화를 논하는 것에 대한 반대 입장도 존재한다. 고문, 차별, 정치적 탄압 등 시급하고 위중한 인권 침해에 대한 관심을 분산시킴으로써 인권문제의 초점을 흐린다는 것이다. 그러나 기후변화 또한 우리 중 누군가의 '고통'과 관련된 일이라는 점에서 엄연한 인권의 문제다. 효율성과 비용분담의 차원에만 매몰됐던 기후변화에 대한 논의가 인권의 영역에서 활성화됨으로써 기후변화의 문제와 인권의 문제 모두에 더욱 관심이 환기되는 계기가 되기를 기대한다.

자연의 고통스러운 '얼굴,' 레비나스의 타자 윤리

신문수 | 서울대학교 영어교육과

겨울 추위가 맹위를 떨치고 있다. 칼바람을 동반한 매서운 한파는 온 세상을 꽁꽁 얼어붙게 만들고 온갖 사회적 혼란과 부조리로 지치고 시린 우리의 마음을 더욱 차갑게 죄어 온다. 혹심한 겨울 한파와 매서운 바람은 평창 동계올림픽에도 지장을 주어 축제 마당이 이따금 일정 연기와 파행으로 얼룩지기도 했다. 한 곳에 폭설이 내리는가 하면 다른 곳은 극심한 겨울 가뭄으로 식수난에 허덕이고 있다. 이런 양극단의 날씨가 동시에 펼쳐지고 있는 기상 이변이 기후변화 탓이라는 설명에 우리는 이미 익숙해져 있지만, 금년 겨울의 유별난 강추위는 기후변화의 어두운 그림자가 우리 앞으로 성큼 다가와 있음을 한층 실감하게 만든다.

지구를 자율적인 생명체계로 보는 가이아 가설의 시각에서 보면, 혹한과 폭염, 극심한 가뭄과 폭우가 교차하는 극단적 기상 변화는 인간의 탐욕과 과소비로 망가진 지구가 고통 속에서 토해내는 신음과 비명이라 할 만하다. 몸의 곳곳에 덧난 상처와 오염으로 고통 속에서 비명을 지르고 있는 형상을 한번 상상해보라. 신음을 토해내고 있는 그 일그러진 얼굴은 상처투성이인 병든 지구, 그 몸의 표상이 아니고 무엇이겠는가. 그것은 인간의 이기적 자아와 소비 욕망으로 무장한 근대성에 능욕당한 자연의 고통스러운 얼굴의 현현이다.

기상이변을 기후변화의 징후로, 기후변화를 지구 생태계 위기의 제유(提喩)로 읽음과 동시에 그 갖가지 징후들을 병든 지구의 얼굴로 수렴하면서, '얼굴'의 철학자 엠마뉘엘 레비나스Emmanuel Lévinas, (1906~1995)를 생각하게 된다. 주지하듯 레비나스는 타자에 대해, 특히 얼굴을 통해 현현되는 타자성에 대한 성찰을 통해서, 타자 윤리를 철학의 중심과제로 삼아왔던 철학자이다. 21세기 기후 변화의 시대에 레비나스의 타자 윤리는 어떤 함의를 지닐 수 있는 것인가? 기후 변화를 비롯한 제반 환경문제가 인류 문명이 자초한 것임이 더 이상 의문시될 수 없는 인류세 시대에, 타자의 절대적 이타성과 그 헐벗은 얼굴이 현시하고 호소하는 '책임'의 윤리로 특징지을 수 있는 레비나스의 철학은 우리에게 어떤 시사점을 던져 줄 수 있는 것인가?

레비나스 철학에서 타자는 무엇보다 동일자로 환원되지 않는 타자성, 이질성을 지닌 외재적 존재이다. 그렇다고 그들이 나와 전적으로 무관한 존재인 것은 아니다. 레비나스가 말하는 타자는 오히려 나와 이웃해 있는, 그리하여 얼굴과 얼굴로 늘 대면하는 관계에 있는, 가난하고 헐벗은 사회적 약자들, 곧 "이방인, 과부, 거지"와 같은 존재들이다. 이처럼 타자는 자아가 존재성을 보존하고 과시하기 위해서 필시 사회경제적으로 이용하고 착취해온 사회적 약자들이기 십상이지만, 그럼에도 불구하고 그들은 자아의 동일시 작용에 완강하게 저항하며 자신의 이타성을 끝끝내 주장한다.

자아의 폭력적 인식 대상으로 전락하여 그 안에 동화되고 포섭되길 거부하는 타자의 절대적 이질성은 바로 그의 얼굴로 구체화된다. 타자의 헐벗은 얼굴에는 자아가 사유를 통해 파악하고 개념화할 수 없는 어떤 초월적 이타성, 직접성, 무한성이 현현되어 있기 때문이다. 그리하여 기아와 궁핍으로 허덕이는 타자의 낯선 얼굴은 자아의 동일시 욕망을 무너뜨리고 배려하고 돌보아야 할 존재로 다가오며 나의 윤리적 책무를 일깨우는 것이다. 헐벗었으나 나와 다른 개체적 고유성을 현시하는 타자의 눈빛은, 레비나스의 인상적인 표현 그대로, "살인하지 말라"고 호소하고 명령하는 것이다.

레비나스의 타자 윤리는 일차적으로 인간적 삶의 윤리이다. 그러나 최근 그가 말하는 타자의 범주에, 근대 이후 인간의 과도한 물질적 욕망의 제물로 만신창이가 되어버린 자연 생태계를 포함시킬 것을 주장하는 목소리가 대두되고 있다. 레비나스의 타자 윤리를 생태계 전반으로 확대하여 개체적 생명 존재는 물론 물, 공기, 땅과 같은 원소적 환경도 보살피고 공경할 책무가 인간에게 있다는 것이다. 자연 생태계 또한 상처받아온 타자이면서 동시에 타자의 '얼굴'처럼 본유적 이타성을 과시하기 때문이다. 주지하듯 레비나스가 서양철학 전통의 중심에 자리한 자아중심의 존재론을 비판하고 윤리학을 제1철학으로 삼아야 할 것을 주장하게 된 중요한 계기가 나치의 홀로코스트 체험이었다. 성격은 다르지만 그에 못지않은 전 지구적 재앙이 언제 닥쳐올지 모르는 불안한 시대에 우리는 살고 있다. 자연 재해가 막심한 이 불안정한 시대에 레비나스 윤리철학의 지평을 확대하여 인간과 자연의 관계도 포괄해야 한다는 요구는 당연해 보인다. 우리가 잦은 기상이변 현상에 상처투성이인 지구의 몸, 고통으로 신음하고 있는 자연의 '얼굴'을 겹쳐 놓아본 것도, 지구 환경의 개선을 위한 인간 삶의 변혁에 절실한 윤리적 지침의 가능성을 레비나스의 타자 철학에서 보았기 때문이다.

레비나스 윤리학의 또 다른 핵심 어구인 '있음'(il y a)의 개념도 환경윤리의 차원에서 주목된다. 레비나스는 전통적인 존재론을 비판하면서 "존재자가 없는 존재"의 세계, 익명적이고 비인격적이고 시원적인 사태를 상정하고, 이를 '있음'이라고 명명했다. 존재자는 이 "모든 것이면서 무"(néant du tout)인 것으로부터 분리되면서 자신을 실체화한다. 의식이 무화되어 있는 이 익명적 사태는 언어와 인식의 지평에서 비껴서 있고, 따라서 파악 불가능한 이타성이요 소유될 수 없는 무한경이다.

그러면서도 그것은 존재자 너머의 저편에 동떨어져 있는 것이 아니라 '침묵 속의 웅얼거림'처럼 절대적으로 불가결한 하나의 현전을 이루고 있다. 레비나스의 이 독특한 '있음'의 개념은 기후변화 시대에 인간 문명의 존립을 위협하는 막강한 파괴자의 모습으로 귀환하고 있는 자연을 새로운 시각으로 바라볼 것을 촉구한다.

그동안 자연은 재화 생산을 위한 원료로, 도구로, 먹거리로, 혹은 풍경으로 인간 세계의 배후에 머물러 있었다. 그러나 기상이변과 더불어 출몰하는 근래의 자연은 인간적 척도로 가늠하기 어려운 낯설고 숭엄한 양태이다. 인간적 범주에 더 이상 편입되길 거부하는 이 야생 자연은 종종 종말론적 공포를 자아낼 정도로 막강한 파괴력을 과시한다. 그러기에 문명의 사멸을 위협하는 자연 앞에서 존재자들이 절멸된 후 남아 있는 순수한 무의 존재태로 레비나스가 상정한 '있음'의 출현을 예감하는 것은 무리가 아니다. 이런 점에서 레비나스의 '있음'의 개념은 생태적 예지를 교시할 수 있다. 그것은 자연의 절대적 이타성, 무한성, 인지 불가능성, 더 나아가 소유불가능성을 일깨운다. 그것은 또한 인간은 더 이상 인식 주체로서의 우월성이나 관리자로서의 특권을 누릴 수 없다는 것을 환기시킨다. 레비나스의 타자 윤리는 이처럼 인간에게 자연 앞에서 겸허할 것을, 그리고 뭇 생명 존재를 공경하고 보살필 것을 촉구하는 메시지를 내포하고 있는 것이다.

파리협정과 한국의 입장

박덕영 | 연세대학교 법학전문대학원

2015년 11월 30일부터 12월 12일까지 프랑스 파리에서 개최된 기후변화협약(UNFCCC) 제21차 당사국총회는 EU 및 195개국이 함께 참여하여 파리협정이라는 역사적인 결과물을 채택하였다. 이는 개도국과 선진국 모두가 온실가스에 대한 국가별 감축약속(NDC) 제출을 통해 자발적으로 감축목표를 설정하고 정기적으로 이행점검을 받는 국제법적 기반을 마련한 것이다. 파리협정은 온실가스 감축목표에 관한 내용과 함께 기후변화에 대한 적응방안도 함께 규정하면서 당사국들의 기후변화에 대한 적응은 인류, 생활터전 및 생태계를 보호하기 위한 장기적인 대응방안으로 중요한 역할을 수행하며, 이를 위해서는 개도국들에 대한 지원과 국제협력이 동반되어야 한다는 점을 함께 명시하고 있다.

이와 같은 국제법적 차원의 감축목표에 대하여 국내 경제계는 경제성장의 발목을 잡는다고 부정적으로 일관하면서, 한편으론 에너지 효율이 세계 최고 수준을 달성한 국내기업들의 추가 감축 여력이 없다는 입장을 밝히고 있다. 그러나 이는 파리협정의 채택 목적과 정신을 망각한 것으로 국제사회의 지탄을 받아 마땅한 처사이다. 파리협정은 국제사회가 당면한 지구온난화 문제를 해결하기 위하여 많은 비용을 지출해 가면서 장기간에 걸쳐 각고의 노력과 타협을 거쳐 성안한 국제조약이다. 우리가 앞장서 파리 정신을 고양하지는 못할망정 국제사회의 맹비난을 받을만한 말과 행동을 해서는 안 될 것이다. GDP 규모 세계 상위권 국가로 성장한 입장에서, 이제는 우리도 국제사회에서 우리가 해야 할 역할을 선도적으로 주도하면서 국제사회의 일원으로서 책임을 다해야 마땅하다.

1972년 스톡홀름 인간환경선언과 1992년 지구정상회담을 통한 환경과 개발에 관한 리우선언 및 기후변화협약의 채택, 1997년 교토의정서의 채택 등 일련의 국제적인 기후변화대응과 환경보호에 관한 노력은 필연적으로 국제사회의 각 개별국가들에게도 이에 상응하는 노력을 요구하게 되었다.

1995년 채택된 WTO 설립협정도 그 전문에서 환경보호와 지속가능한 개발을 언급하고 있다. 아인슈타인에 따르면, 환경이란 나 자신을 제외한 나를 둘러싼 모든 것이라고 한다. 하나밖에 없는 지구에 살고 있는 우리 자신을 둘러싼 모든 것이 환경이고, 그 환경은 지구온난화로 인해 나날이 인간이 살아가기에 열악한 환경으로 변해가고 있다. 지구의 온실가스 농도는 점차로 증가하여 NASA에 따르면 2015년 4월부로 이미 심각한 위험수준인 400ppm을 넘어서고 있다. 이제 지구온난화에 대한 대응은 개별 국가의 이해관계를 따질 사안이 아니라, 국제사회공동체 모두가 나서서 대응해야 할 시점이다. 이 관점에서 최근 시민단체나 학계에서 환경정의, 미래세대의 환경권에 대한 논의가 매우 활발하게 진행되고 있는 점은 고무적이다.

우리나라 정부는 외견상 적극적으로 기후변화에 대응하고 있는 것처럼 보이지만, 실제로는 높은 무역의존에 따른 통상 우위의 태도를 지속적으로 유지하고 있다. 국제회의에서 과묵하기로 알려져 있는 우리나라 공무원들이지만, 기후변화협약 채택과정에서는 기후변화대응이 통상에 장애를 초래해서는 안 된다는 제3조 5항을 삽입하는 데 주요한 역할을 한 것으로 알려져 있다. 그동안 우리나라는 OECD의 일원이자 G20회의의 성원이라는 선진국의 지위를 강조하고, 국제사회의 지원을 받는 나라에서 도와주는 나라로 발전했다고 자랑하면서도, 다른 한편으로 WTO 협상이나 의무를 부담해야 하는 각종 국제협상에서는 개도국의 지위를 유지하려는 이중적인 태도를 보여 왔다.

파리 당사국총회에서 합의된 신기후체제인 파리협정은 선진국은 물론 개도국 모두가 온실가스 감축에 동참하게 되는 새로운 기후변화 대응체제로, 한국이 선진국의 범주에 속하느냐, 개도국의 범주에 속하느냐의 논란은 더 이상 무의미할 것이다. 우리나라도 이제는 국제사회의 기후변화대응에 발맞추어 대외신뢰도를 꾸준히 쌓아나가면서 국제사회에서 차지하는 우리나라의 경제규모에 걸맞은 역할을 다하는 것이 매우 중요하다.

I. 문화와 정치

"문화의 힘, 정치의 재발견"

인정과 공존에서 환대와 공생으로

최 진 우

미국 워싱턴대 정치학 박사
한양대 정치외교학과 교수
한양대 평화연구소 소장
한국정치학회 회장, 한국유럽학회 회장 역임

주요 논저
『민족주의와 문화정치』(편저, 한울아카데미)
『정치외교학: Map of Teens』(장서가)
"가치의 구현과 이익의 실현: '규범적 유럽'과 북핵문제"(2016)
"문화외교의 이론과 실천: 개념의 재구성과 목표의 재설정"(2013)
"정치학적 문화연구의 지형과 지평"(2012)
"글로벌 금융위기, 유로존 재정위기, 유럽통합의 심화"(2012)
"유럽 다문화사회의 위기와 유럽통합"(2012) 외 다수

한한령(限韓令)과 블랙리스트

원 용 진

위스콘신대학교(매디슨) 대학원 언론학 박사
서강대 커뮤니케이션학부 교수

주요 논저
〈미디어 숲에서 나를 돌아보다〉, 인물과사상, 2016(공저)
〈미디어 문화연구의 질적 방법론〉, 컬쳐룩, 2015(공저)
〈불순한 테크놀러지〉, 논형, 2014(공저)
"언론이 산업재해를 보도하는 방식에 관한 연구"(2016)
"일제 강점기 조선 음반계의 중심 인물인 문예부장에 관한 연구"(2015)
"동아시아 정체성과 한류"(2015)
"프로게이머의 노동"(2015) 외 다수

사회과학의 영역으로 들어온 대중음악

서 정 민

미국 시카고대학 정치학 박사
연세대 정치외교학과 교수
연세대 통일연구원 소장

주요 논저
"Civil Society under Authoritarian Rule: Bansanghoe and
Extraordinary Everydayness in Korean Neighborhoods" (2015)
"Paradox of Northeast Asia as a Community of
Shared Memories and Histories" (2015)
"Korean—Chinese Migrant Workers
and the Politics of Korean Nationalism" (2014)
"Dynamics of Ethnic Nationalism and Hierarchical Korean Nation
and its Otherness since the Late 1980s" (2014)
"Rethinking Beijing's Geostrategic Sensibilities to Tibet
and Xinjiang" (2013) 외 다수

Brexit의 국제정치적 의의와 한국

최 진 우

미국 워싱턴 대학 박사
한양대 정치외교학과 교수
한양대 평화연구소 소장

주요 논저
『현대외교정책론』, 명인문화사, 2016(공저)
『민족주의와 문화정치』, 한울, 2015(편저)
『서유럽의 변화와 탈근대화』, 아카넷, 2011(공저)
『현대 국제관계이론과 한국』, 사회평론, 2004(공저) 외 다수

촛불의 시대정신과 촛불 이후의 사회

류 웅 재

미국 조지아주립대학교 커뮤니케이션학 박사
한양대 미디어커뮤니케이션학과 교수

주요 논저
『고어텍스와 소나무: 물질문화를 통해 본 소비의 문화정치학』,
한울아카데미, 2015(공저)
『마르크스, TV를 켜다: 마르크스주의 미디어 연구의 쟁점과 전망』,
한울아카데미, 2013(공역)
『작은 문화콘텐츠 만들기: 문화, 지역, 삶을 매개하는 작은 문화콘텐츠 이야기』,
한울아카데미, 2011(공저)
『문화저널리즘』, 다지리, 2009(공저)
"남성의 명품소비와 차이의 문화정치"(2016)
"프란치스코 교황 방한과 한국사회의 위기 징후"(2016)
"물질문화로서 아웃도어에 관한 연구"(2015)
"미디어로서의 명품가방 소비에 관한 연구"(2015)
"Critical Interpretation of Hybrid K−Pop"(2014)
"대학의 연구문화 낯설게 하기, 그리고 성찰적 대안의 모색"(2014) 외 다수

한국과 프랑스에 부는 변화의 열망

조 홍 식

파리정치대학 정치학 박사
숭실대 정치외교학과 교수

주요 논저
『유럽의 민주주의: 새로운 도전과 과제』, 사회평론, 2014(공저)
『국익을 찾아서: 이론과 현실』, 명인문화사, 2013(공저)
『아직도 민족주의인가. 우리시대 애국심의 지성사』, 한길사, 2012(공편)
『국가의 품격』, 한길사, 2010(공저)
『하나의 유럽: 유럽연합의 역사와 정책』, 푸른길, 2009(공저)
『유럽 통합과 '민족'의 미래』, 푸른길, 2006
『유럽의 부활: EU의 발전과 전망』, 푸른길, 1999(공저) 외 다수

국제문화교류의 세 가지 얼굴

김 태 환
미국 콜럼비아대 정치학 박사
국립외교원 부교수
한국정치학회 이사
한국국제교류재단 정책연구실장/공공외교사업부장 역임

주요 논저
『지정학과 기술혁신 사이에서의 한국 공공외교:
한국 공공외교에 관한 12가지 질문』, 법문사, 2017(출판 예정)
"Authoritarian Post—Communist Transition and its Future in China, Vietnam,
and North Korea" (2017)
"21세기 신지정학의 새로운 요소들과 한국의 통일외교"(2017)
"정체성과 정책공공외교"(2016)
"한국 공공외교 전략"(2016)
"지식외교와 싱크탱크의 역할"(2015)
"포스트 웨스트팔리아 국제질서에서의 신 공공외교"(2014) 외 다수

수치심의 가능성

김 성 경
영국 에섹스대 사회학 박사
북한대학원대학교 조교수
경남대학교 극동문제연구소 연구실장
민족화해 편집위원

주요 논저
『탈북의 경험과 재현』, 문화과학, 2013(공저)
『북한의 청년은 새 세대인가』, 경남대학교출판부, 2015(공저)
"이동하는 북한여성의 원거리 모성"(2017)
"북한 주민의 일상과 방법으로서의 마음"(2016)
"2014 인천아시안게임 남북 여자축구 관람기"(2015)
"북한이탈주민의 월경과 북중 경계지역: '감각'되는 '장소'와
 북한이탈여성의 '젠더화'된 장소감각"(2014)
"경험되는 북중 경계지역과 이동경로: 북한이탈주민의 경계넘기와
초국적 민족공간의 확장"(2012) 외 다수

II. 난민

"국경에 걸린 희망, 난민"

난민 '유감'

김 현 미

미국 워싱턴대학 사회문화인류학 박사
연세대 문화인류학과 교수
연세대 젠더연구소 소장 역임
한국문화인류학과 부회장 역임

주요 논저
〈우리는 모두 집을 떠난다: 한국에서 이주자로 살아가기〉, 돌베개, 2014
〈글로벌 시대의 문화번역〉, 또하나의문화, 2005
〈젠더와 사회: 15개의 시선으로 읽는 여성과 남성〉, 동녘, 2015(공저)
〈우리 모두 조금 낯선 사람들: 공존을 위한 다문화〉, 오월의봄, 2014(공저)
〈친밀한 적: 신자유주의는 어떻게 일상이 되었나〉, 이후, 2010(공저) 외 다수

영화 〈로건〉과 트럼프난민사태에서의 환대정신

진 달 용

미국 일리노이 주립대학 (Urbana—Champaign) 박사
캐나다 사이먼 프레이져 대학(Simon Fraser University, School of Communication) 교수
전 KAIST 교수
연세대학교 방문교수 역임

주요 논저
Smartland Korea: Mobile Communication, Culture and Society,
University of Michigan Press (2017)
New Korean Wave: Transnational Cultural Power in the Age of Social Media,
University of Illinois Press (2016)
Digital Platforms, Imperialism and Political Culture, Routledge (2015)
De—convergence of Global Media Industries, Routledge (2013)
Korea's Online Gaming Empire, The MIT Press (2010) 외 다수

종교의 자유, 정교분리원칙, 그리고 이민정책

설동훈
서울대학교 사회학 박사
전북대 사회학과 교수
사단법인 고용이민센터 이사장
한국이민학회, 한국조사연구학회 부회장
『한국사회학』, 『지역사회학』, 『한국이민학』 편집위원장 역임

주요 논저
"국회의 이민정책 결정과 정당정치: 제18대 국회를 중심으로"(2016)
"The Political Economy of Immigration in South Korea" (2015)
"한국의 인구고령화와 이민정책"(2015)
"Dynamics of Ethnic Nationalism and Hierarchical Nationhood: Korean Nation and Its Othernesss since the Late 1980s" (2014)
"Immigration Policies in South Korea: On the Focus of Immigration Requirement and Incorporation to Korean Society" (2014)
"Social Effect of the Influx of Immigrants into Korea" (2014)
"한국의 국경을 넘나드는 성매매 여성들"(2014)
"국제결혼이민과 국민·민족 정체성: 결혼이민자와 그 자녀의 자아 정체성을 중심으로"(2014) 외 다수

난민, 정치, 사회, 국가: 호주 난민문제에 나타난 국민국가의 모순

이재현
호주 Murdoch University 정치학 박사
아산정책연구원 선임연구위원

주요 논저
"South Korea and the South China Sea:
A Domestic and International Balance Act" (2016)
"25 Years of ASEAN−Korea Relations and Beyond:
From a Slow Start to a Solid Partnership" (2015)
"전환기 아세안의 생존전략:
현실주의와 제도주의의 중층적 적용과 그 한계" (2012) 외 다수

유럽의 신념과 가치를 뒤흔드는 난민 문제

인 남 식

현 국립외교원 교수 (미주연구부장)
영국 Durham 대학교 중동이슬람연구원 (IMEIS) 중동정치학 박사
주요 논저
"이스라엘－팔레스타인 평화협상의 현황과 전망:
'양(兩)국가 해법(Two-state Solution)'의 한계와 대안 논의"(2017)
"대(對)카타르 단교 사태에 따른 걸프 역학관계의 변화와 향후 전망"(2017)
"ISIS 3년, 현황과 전망: 테러 확산의 불안한 전조(前兆)"(2017)
"The Arab Spring and North Korea" (2016)
"미국과 러시아의 대(對)중동정책 변화 고찰: 오바마와 푸틴 정부의 지정학적
중동전략을 중심으로"(2016)

시리아 난민 문제의 발생과 미래 방향

이 희 수

한양대학교 문화인류학과 교수
세계지역문화연구소 소장
터키 국립이스탄불대학교 역사학 박사

주요 논저
『이슬람과 한국문화』(2012)
『이슬람』(2008, 공저)
『끝나지 않은 전쟁』(2002, 공저)
『중동의 역사』(1998, 역서)

정치적 무관심과 아프리카의 난민들

송 영 훈

강원대학교 정치외교학과 교수
강원대학교 난민연구센터장
미국 사우스캐롤라이나 정치학 박사

주요 논저
"장기화된 난민위기와 국제개발협력", 『담론201』(2017)
"난민의 인권과 국가안보", 『담론201』(2016)
『분단폭력』(2016, 공저)
『재난과 평화』(2015, 공저)
"테러리즘과 난민문제의 안보화", 『국제정치논총』(2014)

한국의 난민 상황과 난민수용 정책방향

이 호 택

사단법인 피난처 대표(1999년~현재)
서울대학교 법과대학(1983년) 및 동 대학원(1985년) 석사 졸업
1994년부터 외국인노동자, 조선족, 탈북자, 외국인난민지원활동
서울지방변호사회 제14회 시민인권상(2007), 제24회 아산상 사회봉사상(2012),
대한민국인권상 국가인권위원장 표창(2013) 수상

주요 논저
이호택·조명숙 공저 『여기가 당신의 피난처입니다』, 창비, 2010

III. 탈북민

"탈북민, 편견과 관심의 사이에서"

'책임규명'(accountability)과 북한인권

김 수 암

서울대 정치학 박사
통일연구원 선임연구위원

주요 논저
『민주주의 및 시장경제에 대한 탈북민 인식조사』(2016, 공저)
『한반도에 있어서 과도기 정의』(2014, transitionla justice, 공저)
『인도적 지원을 통한 북한취약계층 인권증진 방안 연구』(2013, 공저)
『북한부패와 인권의 상관성』(2012, 공저) 외 다수

탈북민과 '다양한 우리' 찾기: "사람만이 희망이다"

윤 철 기

성균관대학교 정치학 박사
서울교육대학교 윤리교육과 부교수

주요 논저
"남북한 체제성격 비교", 『한국과 국제정치』 33권 3호(2017)

"동독사회에서 사회주의이데올로기의 정치사회적 기능과 정체성",
『북한연구학회보』 21권 2호(2017)
"북한시장화 이후 계급체계화와 노동계급의 이데올로기적 정체성",
『현대북한연구』 19권 2호(2016)

탈세속화, 탈다문화 유럽의 탈북민들

정 진 헌
미국 일리노이대학교 문화인류학 박사
베를린 자유대학교 한국학과 연구교수
베를린 윤이상하우스 운영관장

주요 논저
Migration and Religion in East Asia:
North Korean Migrants' Evangelical Encounters (2015)
Building Noah's Ark for Migrants, Refugee,
and Religious Communities (공저, 2015)
"The Religious—Political Aspirations of North Korean Migrants and
Protestant Churches in Seoul," *Journal of Korean Religions* 7(2) (2016)

탈북민과 실향민의 차이 좁히기

홍 용 표
영국 옥스포드대학교 국제관계학 박사
한양대학교 정치외교학과 교수

주요 논저
『북한의 체제와 정책: 김정은 시대의 변화와 지속』(2014, 공저)
『통일외교: 과제와 전략』(2011, 공저)
"동북아에서 정체성의 정치와 문화갈등:
독도문제에 대한 한국의 인식을 중심으로"(2013, 공저)
"North Korea's Strategic Culture and Threat Perception" (2011)
"분단과 한국의 외교"(2010)

Ⅳ. 젠더

"만연한 혐오, 구조화된 차별"

여성 1인 가구의 증가의 젠더적 함의

김 민 지

미국 미네소타대 사회학 박사
이화여대 사회학과 조교수
한국사회학회 총무이사 역임
Law & Society Review 편집위원 역임

주요 논저
"한국 고등교육에서의 인권교육"(2016)
"Unemployment, Parental Help, and
Self-Efficacy During the Transition to Adulthood" (2016)
"Abortion Liberalization in World Society, 1960-2009" (2015)
"Women's Employment, State Legal Protection of Women's Economic Rights,
and Gender Prejudice: Evidence from 52 Countries" (2015)
"When Do Laws Matter? National Minimum-Age-of-Marriage Laws,
Child Rights, and Adolescent Fertility 1989-2007" (2013)
"International Human Rights Law, Global Economic Reforms,
and Child Survival and Development Rights Outcomes" (2009)

여성의 성적 대상화라는, 오래된 문제

김 수 아

서울대학교 언론정보학과 박사
서울대학교 기초교육원 강의교수

주요 논저
"포스트페미니즘 시대의 광고와 여성 재현"(2017)
"'좋아요'가 만드는 '싫어요'의 세계: 페이스북 '여성혐오' 페이지 분석"(2016)
"온라인상의 여성 혐오 표현"(2015)
"드라마에 나타난 사랑과 분노:
아침 일일 연속극 내러티브와 여성 인물 분석을 중심으로"(2014)

맘충과 노키즈존

윤김지영

프랑스 팡테옹−소르본느 대학 철학박사
건국대 몸문화연구소 교수, 페미니즘 철학자

주요 논저
『지워지지 않는 페미니즘』(2018)
"비혼선언의 미래적 용법"(2016)
"전복적 반사경으로서의 메갈리안 논쟁"(2015)
"La déconstruction du phallogocentrisme"(2012) 외 20여 편의 논문

여성혐오에 대해서

이 수 연

한국여성정책연구원 선임연구위원
미국 노스웨스턴 대학 매스커뮤니케이션학 박사

주요 논저
『양성평등정책 수용성 및 실효성 제고 방안에 관한 연구』(2016)
『텍스트마이닝 기반 온라인 성차별성의 토픽분석』(2016)
『온라인 성차별성 모니터링 및 모니터링 도구개발』(2016)
『한류 드라마와 아시아 여성의 욕망』(2008)
『메두사의 웃음: 한국 페미니즘 영화와 섹슈얼리티』(1998)

효리, 상순, 지은의 〈효리네 민박〉이 고마운 이유

나임윤경

미국 위스콘신 주립대학교 교육학 박사
연세대학교 문화인류학과 교수
고양시 청소년 사회적 협동조합 이사장

주요 논저
『엄마도 아프다』, 이후, 2016 (공저)
『여자의 탄생』, 웅진 싱크빅, 2005
"Reconciliation within the Frame of International Law and
Feminist Perspectives" (2016)
"Rethinking the idiom for feminist pedagogy:
The collaboration of theory and activism" (2015)
"모성적 생산성과 여성평생교육−사회적 모성에 대한 인문학적 상상력"(2014)
"평생교육의 오래된 새 길: 전환학습적 인문학으로의 선회"(2013)

미투(me too), 억압에 저항하고 연대하는 페미니즘의 소환

홍 기 원
숙명여대 정책대학원 교수

주요논저
International Journal of Cultural Policy, Guest Editor
"Nation Branding of Korea" in *Cultural Policy in East Asia*(2014)
「다문화정책의 방향과 문화적 지원방안 연구」(2010)

V. 도시재생

"도시 만들기와 공생의 상상력"

도시재생, 반성과 미래

김 경 민
미국 하버드대 박사(도시계획 부동산 전공)
서울대학교 환경대학원 도시및지역계획전공 교수
공유도시Lab 디렉터
사회적 기업 Urban Hybrid 공동설립자 및 고문(신림아지트와 창신아지트 등
지역(경제) 문제 해결을 위한 플랫폼 운영 중인 사회적 기업)

주요 논저
『건축왕, 경성을 만들다』, 이마, 2017
『리씽킹 서울』, 서해문집, 2013
『도시개발, 길을 잃다』, 시공사, 2011 외 다수

재생의 시간은 얼마나 빠르게 가고 있는가?

김 지 윤
싱가포르국립대학교 사회학 박사
한국외국어대학교 국제지역학과 한국학과 외래교수
성공회대 동아시아연구소 공동연구원

주요 논저
『Creative Ageing Cities: Urban design with older people in Asian Cities』,

Routledge, 2017(출판예정, 공저)
『서울 젠트리피케이션을 말하다』, 푸른숲, 2016(공저)
"Coupling urban regeneration with age－friendliness: Neighbourhood regeneration in Jangsu Village, Seoul" (2016)
"Cultural entrepreneurs and urban regeneration in Itaewon, Seoul" (2016)
"도시형 재난과 문화적 저항: 테이크아웃드로잉의 안티－젠트리피케이션 운동을 중심으로" (2016, 공저)
"투기적 개발과 공공성: 용산구 사례를 중심으로"(2016)
"'봉제마을' 창신동－도시재생과 산업재생의 엇박자"(2015)

도시재생, 주체의 공존과 가치의 공유

이 영 범
경기대학교 건축학과 교수
서울대학교 건축학과 졸업
영국 AA School 대학원 Ph.D
(사)도시연대 이사 겸 (사)도시와삶 이사장

주요 논저
『세운상가 그 이상』, 공간서가, 2015(공저)
『도시설계의 이해』, 도서출판 보성각, 2014(공저)
『창조도시를 넘어서』, 나남, 2014(공저)
『도시 마을만들기의 쟁점과 과제』, 도시재생시리즈 43, 국토연구원, 2013(공저)
『우리, 마을만들기』, 나무도시, 2012(공저)
『새로운 도시재생의 구상』, 한울, 2012(공저)
『사회적 기업을 이용한 주거지재생』, 국토연구원, 2011(공저)
『뉴욕 런던 서울의 도시재생 이야기』, 픽셀하우스, 2009(공저)
『도시의 죽음을 기억하라』, 미메시스, 2009 외 다수

도시의 미래와 스토리텔링

이 창 현
서울대학교 신문학과(현 언론정보학부) 박사
국민대학교 언론정보학부 교수
전 서울연구원 원장
메가시티연구원연합(Megacity Think Tank Alliance) 초대회장
전 KBS 이사

주요 논저
『방송의 이해』, 한국방송통신대학교출판부, 2011(공저)
『한국 민주주의와 시민사회』, 아르케, 2010(공저)
『미디어 공공성』, 커뮤니케이션북스, 2009(공저)

『교육문화: 환상과 두려움을 넘어서』, 희망제작소, 2007(공저)
『매스미디어와 정보사회』, 커뮤니케이션북스, 2004(공저)

VI. 기후변화

"기후변화의 정치적 얼굴"

기후변화, 초지방 관계(Translocal Relations)로 해결할 수 있을까?

이 태 동

연세대학교 정치외교학과 교수
동서문제연구원 환경 – 에너지 – 인적 자원 연구센터장
미국 워싱턴대학 정치학박사

주요 논저
『토론으로 배우는 환경 – 에너지 정치』, 청송미디어, 2017
『마을학개론: 대학과 지역을 잇는 시민정치교육』, 푸른길, 2017(공저)
Global Cities and Climate Change: Translocal Relations of Environmental Governance,
Routledge, 2015
"Compliance with Climate Change Agreements: The Constraints of
Consumption", *International Environmental Agreement*, 2017 (공저)
"Multilevel Governance and Urban Climate Change Mitigation", *Environment
and Planning C: Government and Policy*, 2015 (공저)

동북아시아 환경협력: 국내정치의 중요성

신 상 범

연세대학교 국제관계학과 교수
미국 인디애나대학교 정치학박사

주요 논저
"글로벌 보건과 국제정치학: 연구 성과와 향후 과제," 『국제정치논총』(2017)
"Domestic Political Constraints on Sino – foreign Environmental Cooperation:
the Case of Eco – city Building in China," 『동서연구』(2016)
"The Market Incentive Climate Change Policies in Northeast Asia: A
Comparative
 Case Study of China, Japan. and South Korea," 『신아세아』(2016)

"한국 지방 도시 공공자전거 정책의 도입과 지속 요인:
창원시 누비자 사례를 중심으로," 『대한지리학회보』(2016)

기후변화와 인권

최 진 우
미국 워싱턴 대학 박사
한양대 정치외교학과 교수
한양대 평화연구소 소장

주요 논저
『현대외교정책론』, 명인문화사, 2016(공저)
『민족주의와 문화정치』, 한울, 2015(편저)
『서유럽의 변화와 탈근대화』, 아카넷, 2011(공저)
『현대 국제관계이론과 한국』, 사회평론, 2004(공저) 외 다수

자연의 고통스러운 '얼굴,' 레비나스의 타자 윤리

신 문 수
미국 하와이대 영문학 박사
서울대 영어교육과 교수

주요 논저
『묵시의 풍경들』(2017)
『풍경, 혹은 마음의 풍경』(2014)
『시간의 노상에서』(2010)
『타자의 초상: 인종주의와 문학』(2009)

파리협정과 한국의 입장

박 덕 영
연세대 법학 박사, 영국 캠브리지대 법학석사(LLM), 영국 에딘버러대 박사과정수료
연세대 법학전문대학원 교수
연세대 EU법센터장 및 SSK 기후변화와 국제법연구센터장

주요 논저
『기후변화 국제조약집』(2017)
『국제법 기본조약집(제3판)』(2017)
『국제환경법』(2015, 공저)
Legal Issues of Renewable Energy (2014, 공저)
『세계 주요국의 기후변화법제』(2012, 공저) 외 다수